LES
NOUVEAUX PROGRAMMES
DES ÉCOLES PRIMAIRES

AVEC

DIVISIONS MENSUELLES & EMPLOIS DU TEMPS

PAR MM.

BROUARD

Inspecteur général honoraire de l'instruction primaire
Ancien membre du Conseil supérieur

ET

CH. DEFODON

Rédacteur en chef du *Manuel général de l'instruction primaire*
Inspecteur primaire de la Seine

CINQUIEME EDITION

REVUE ET COMPLÉTÉE CONFORMÉMENT AUX DISPOSITIONS
DE LA LOI DU 30 OCTOBRE 1886
ET DES DÉCRETS ET ARRÊTÉS ORGANIQUES DU 18 JANVIER 1887

PARIS
LIBRAIRIE HACHETTE ET Cⁱᵉ
79, BOULEVARD SAINT-GERMAIN, 79

1889

LES
NOUVEAUX PROGRAMMES

DES ÉCOLES PRIMAIRES

DES MÊMES AUTEURS

Inspection des Écoles primaires, ouvrage à l'usage des inspecteurs primaires et des aspirants aux fonctions d'inspecteur primaire, des directeurs et des directrices d'écoles normales primaires, des inspectrices des écoles maternelles et des aspirants et aspirantes à ces fonctions, des délégués cantonaux, et généralement de toutes les personnes chargées de la direction et de la surveillance des écoles. 5ᵉ édition, considérablement augmentée et mise d'accord avec la nouvelle loi de 1886 et les nouveaux règlements de 1887. 1 vol. in-16, broche., 3 fr. 50 c.

Manuel du certificat d'aptitude pédagogique, 4ᵉ édition, conforme aux dispositions de la loi du 30 octobre 1886 et du règlement organique du 18 janvier 1887. 1 vol. petit in-16, cartonne . . . . 5 fr.

Manuel d'examen pour le brevet de capacité de l'enseignement primaire, à l'usage des aspirants et des aspirantes, BREVET ÉLÉMENTAIRE, par MM. Berger, Brouard, Defodon et Mabilleau. 4ᵉ édition, entièrement refondue conformément aux programmes du 18 janvier 1887. 1 vol. petit in-16 cartonne. . . . . 5 fr.

19072. — Imprimerie A. Lahure, rue de Fleurus 9, à Paris.

LES
NOUVEAUX PROGRAMMES
DES ÉCOLES PRIMAIRES

AVEC

DIVISIONS MENSUELLES & EMPLOIS DU TEMPS

PAR MM.

BROUARD

Inspecteur général honoraire de l'instruction primaire
Ancien membre du Conseil supérieur

ET

CH. DÉFODON

Rédacteur en chef du *Manuel général de l'instruction primaire*
Inspecteur primaire de la Seine

—

CINQUIÈME ÉDITION

REVUE ET COMPLÉTÉE CONFORMÉMENT AUX DISPOSITIONS
DE LA LOI DU 30 OCTOBRE 1886
ET DES DÉCRETS ET ARRÊTÉS ORGANIQUES DU 18 JANVIER 1887

—

PARIS

LIBRAIRIE HACHETTE ET Cⁱᵉ

79, BOULEVARD SAINT-GERMAIN, 79

—

1889

LES
NOUVEAUX PROGRAMMES
DES ÉCOLES PRIMAIRES

RÈGLEMENT SCOLAIRE MODÈLE

Les lois du 16 juin 1881 sur la gratuité des écoles primaires publiques, du 28 mars 1882 sur l'enseignement obligatoire, et du 30 octobre 1886 sur l'organisation de l'enseignement primaire, ont profondément modifié le régime de nos écoles, non seulement au point de vue financier, mais encore et surtout au point de vue pédagogique. De là la nécessité d'un nouveau règlement intérieur et de nouveaux programmes.

Le nouveau règlement intérieur proposé comme modèle « pour servir à la rédaction des règlements départementaux relatifs aux écoles primaires publiques », contient les vingt-six articles qu'on va lire. Ces articles ont presque tous été maintenus par les administrations locales, et nous croyons utile de les reproduire tout d'abord, à cause de l'influence qu'ils peuvent exercer sinon sur les programmes, du moins sur l'emploi du temps et sur la marche générale des études.

ANNEXE B
A l'article 27 du décret du 18 janvier 1887.

Art. 1ᵉʳ. — Pour être admis dans une école primaire élémentaire, les enfants doivent avoir plus de six ans et moins de treize. En dehors de ces limites, ils ne pourront être reçus sans une autorisation spéciale de l'inspecteur d'académie.

Dans les communes qui n'ont ni école maternelle, ni classe enfantine, l'âge d'admission est abaissé à cinq ans.

Ait. 2. — Tout enfant dont l'admission est demandée doit présenter à l'instituteur un bulletin de naissance et un ceitificat medical constatant qu'il a été vacciné ou qu'il a eu la petite véiole et qu'il n'est pas atteint de maladies ou d'infirmités de nature à nuire à la santé des autres élèves. Lorsque l'enfant a atteint sa dixième année, il doit, pour être admis ou maintenu dans l'école, être revacciné par les soins du médecin à l'école ou délégué à cet effet par l'administration scolaire.

L'instituteur doit conseiver le bulletin de naissance, tant que l'enfant fréquente l'école.

Art. 3. — La garde de la classe est commise à l'instituteur : il ne permettra pas qu'on la fasse servir à aucun usage étranger a sa destination, sans une autorisation spéciale du préfet.

Art. 4. — Pendant la duiée de la classe, l'instituteur ne pourra, sous aucun prétexte, être distrait de ses fonctions professionnelles, ni s'occuper d'un travail étranger à ses devoirs scolaires.

Art. 5. — Les enfants ne pourront, sous aucun prétexte, être détournés de leurs études pendant la durée des classes.

Ils ne seront envoyés à l'église pour les catéchismes ou pour les exercices religieux qu'en dehors des heures de classe. L'instituteur n'est pas tenu de les y surveiller. Il n'est pas tenu daiantage de les y conduire, sauf le cas prévu à l'article 9 ci-après.

Toutefois, pendant la semaine qui précède la première communion, l'instituteur autorisera les élèves à quitter l'école aux heures où leurs devoirs religieux les appellent à l'église.

Art. 6. — Les classes dureront trois heures le matin et trois heuies le soir : celle du matin commencera à 8 heures et celle de l'apièsmidi à 1 heuie. Toutefois, suivant les besoins des localités, les heures d'entrée et de sortie pouiont être modifiées par l'inspecteur d'académie, sur la demande des autoiités locales et l'avis de l'inspecteur primaire.

Art. 7. — Le conseil départemental peut, aprés avis du conseil municipal et sui la proposition de l'inspecteur d'académie, autoriser dans une commune ou dans une section de commune l'établissement d'écoles de demi-temps.

En ce cas, le diiecteur de l'école divisera par couis les élèves en deux groupes. La classe aura lieu, pour l'un de ces gioupes, le matin de 8 heures à 11 heures; pour l'autre, le soir de 1 heure à 4 heures.

Toutefois, les parents qui en feront la demande auront la faculté de faire suivre à leurs enfants les deux classes de la jouinée.

Ait. 8. — Dans les écoles à plusieurs classes, les exercices seront coupés, pour les élèves du cours élémentaire et du cours moyen, par une iéciéation de cinq minutes qui aura lieu toutes les heuies, et, pour les élèves du cours supérieur, par une seule récréation d'une durée de quinze minutes.

Art. 9. — Les enfants qui ne sont pas rendus à leur famille dans l'intervalle des classes demeurent sous la surveillance de l'instituteur jusqu'à l'heure où ils quittent définitivement la maison d'école.

Art. 10. — Chacun des maîtres attachés à l'école est tenu, à tour de rôle, de surveiller les récréations et de garder les élèves qui ne sont pas rendus a leur famille, dans l'intervalle des classes du matin et du soir, ainsi que ceux qui sont punis de la retenue après la classe.

La surveillance spéciale des élèves pensionnaires et de ceux qui assistent aux études rétribuees ne peut être imposee aux instituteurs adjoints, ils ne peuvent en être charges que de leur plein gré, et suivant une entente à établir entre eux et le directeur de l'école, sous l'approbation de l'inspecteur primaire.

Art. 11. — Quand l'instituteur prendra la direction d'une école, il devra, de concert avec le maire ou son délégué, faire le récolement du mobilier scolaire, des livres de la bibliothèque, des archives scolaires et, s'il y a lieu, de son mobilier personnel et de celui de ses adjoints.

Le procès-verbal de cette opération, signé par les deux parties, constituera l'instituteur responsable des objets désignés à l'inventaire.

En cas de changement de résidence, l'instituteur provoquera, avant son départ, un nouveau récolement du mobilier.

Art. 12. — Un tableau portant le prix de tous les objets que l'instituteur est autorisé à fournir aux élèves sera affiche dans l'école, après avoir été visé par l'inspecteur primaire.

Art. 13. — La classe sera blanchie ou lessivée tous les ans, et tenue dans un état constant de propreté et de salubrité. A cet effet, elle sera balayée et arrosee tous les jours; l'air y sera fréquemment renouvelé; même en hiver, les fenêtres seront ouvertes pendant l'intervalle des classes.

Art. 14. — Le français sera seul en usage dans l'école.

Art. 15. — Toute représentation théâtrale est interdite dans les écoles publiques.

Art. 16. — Aucun livre ni brochure, aucun imprimé ni manuscrit étrangers à l'enseignement ne peuvent être introduits dans l'école, sans l'autorisation écrite de l'inspecteur d'académie.

Art. 17. — Toute pétition, quête, souscription ou loterie y est également interdite.

Art. 18. — Il est interdit aux instituteurs et institutrices publics de recevoir des élèves ou de leurs parents aucune espèce de cadeaux.

Art. 19. — Les seules punitions dont l'instituteur puisse faire usage sont :

Les mauvais points ; la réprimande ; la privation partielle de la récréation ; la retenue après la classe, sous la surveillance de l'instituteur ; l'exclusion temporaire.

Cette dernière peine ne pourra dépasser trois jours. Avis en sera donné immédiatement par l'instituteur aux parents de l'enfant, aux autorités locales et à l'inspecteur primaire.

Une exclusion de plus longue durée ne pourra être prononcée que par l'inspecteur d'académie.

Art. 20. — Il est absolument interdit d'infliger aucun châtiment corporel.

Il est également interdit aux instituteurs et institutrices de tutoyer leurs élèves.

Art. 21. — Les jours de congés extraordinaires sont:
Une semaine à l'occasion des fêtes de Pâques ;
Le premier jour de l'an, ou le lendemain, si ce jour est un dimanche ou un jeudi ;
Le lundi de la Pentecôte ;
Le lendemain de la Toussaint, le matin seulement ;
Les jours de fêtes patronales ;
Le jour de la Fête nationale.

Art. 22. — L'époque et la durée des vacances seront fixées chaque année par le préfet, en conseil départemental.

Art. 23. — L'instituteur ne pourra ni intervertir les jours de classe, ni s'absenter, sans y avoir été autorisé par l'inspecteur primaire et sans avoir donné avis de cette autorisation aux autorités locales.

Si l'absence doit durer plus de trois jours, l'autorisation de l'inspecteur d'académie est nécessaire.

Un congé de plus de quinze jours ne peut être donné que par le préfet. Dans les circonstances graves et imprévues, l'instituteur pourra s'absenter, sans autre condition que de donner immédiatement avis de son absence aux autorités locales et à l'inspecteur primaire.

Art. 24. — Les dispositions de ce règlement sont applicables aux écoles de filles.

Art. 25. — Le règlement-modèle en date du 18 juillet 1882 est et demeure abrogé.

Art. 26. — Les autorités préposées par la loi à la surveillance de l'instruction primaire sont chargées de l'exécution du présent règlement.

L'article premier de la loi du 28 avril 1882 définit ainsi l'instruction primaire :

« L'instruction primaire comprend :

L'instruction morale et civique ;

La lecture et l'écriture ;

La langue et les éléments de la littérature française ;

La géographie, particulièrement celle de la France ;

L'histoire, particulièrement celle de la France jusqu'à nos jours ;

Quelques notions usuelles de droit et d'économie politique ;

Les éléments des sciences naturelles, physiques et mathématiques ; leurs applications à l'agriculture, à l'hygiène, aux arts industriels, travaux manuels et usage des outils des principaux métiers ;

Les éléments du dessin, du modelage et de la musique ;

La gymnastique ;

Pour les garçons, les exercices militaires ;

Pour les filles, les travaux à l'aiguille. »

Ce vaste programme avait d'abord été considéré comme obligatoire pour toute école primaire. Mais une expérience de quelques années a bientôt prouvé qu'il n'en peut être ainsi ; qu'il ne faut voir dans l'article 1er de la loi du 28 mars, que l'énumération des matières qui constituent l'enseignement primaire à proprement parler et qu'il y a lieu de faire le départ de ces matières entre nos écoles primaires de diverses catégories. Du reste, la loi postérieure du 30 octobre 1886 ne laisse aucun doute à cet égard; elle porte à son article 3 : « Des règlements spéciaux, délibérés en conseil supérieur de l'instruction publique, détermineront les règles d'après lesquelles seront réparties, entre les diverses sortes d'écoles, les matières de l'enseignement primaire telles que les a fixées la loi du 28 mars 1882. » Et, à son article 16 : « L'enseignement dans les écoles publiques est donné conformément aux prescriptions de la loi du 28 mars 1882, et d'après un plan d'études délibéré en conseil supérieur. »

En vertu de ces dispositions, le programme fondamental de l'instruction primaire a été approprié à chaque nature d'école par le décret du 18 janvier 1887, par l'article 4 pour les écoles maternelles et les classes enfantines, par l'article 27 pour les écoles primaires élémentaires, enfin par l'article 35 pour les écoles primaires supérieures.

Nous ne nous occupons ici que des écoles primaires élémentaires et, par occasion, des classes enfantines.

Pour les écoles primaires élémentaires, le programme comprend, aux termes de l'article 27 :

L'enseignement moral et civique, — la lecture et l'écriture, — la langue française, — le calcul et le système métrique, — l'histoire et la géographie, spécialement de la France, — les leçons de choses et les premières notions scientifiques, — les éléments du dessin, du chant et du travail manuel (travaux d'aiguille dans les écoles de filles), — et les exercices gymnastiques et militaires.

Au fond, ce programme n'est autre que celui qui avait été développé par l'arrêté du 27 juillet 1882 « réglant l'organisation pédagogique et le plan d'études des écoles primaires. » Aussi, les règlements nouveaux sur la matière ne font-ils guère que reproduire les anciens. Nous les donnons ici tels qu'ils résultent de l'arrêté du 18 janvier 1887 (articles 9 à 19 inclusivement), et de l'annexe F de cet arrêté.

Extrait de l'arrêté du 18 janvier 1887, modifiant celui du 27 juillet 1882 sur l'organisation pédagogique et le plan d'études des écoles primaires.

Art. 9.—L'enseignement dans les écoles primaires élémentaires est partagé en trois cours :

Cours élémentaire ;

Cours moyen ;

Cours supérieur.

La constitution de ces trois cours est obligatoire dans toutes les écoles, quel que soit le nombre des classes et des élèves.

Art. 10. — La durée des études se divise comme il suit :

Section enfantine : un ou deux ans, suivant que les enfants entrent à 6 ans ou 5 ans.

Cours élémentaire : deux ans, de 7 à 9 ans.

Cours moyen : deux ans, de 9 à 11 ans.

Cours supérieur : deux ans, de 11 à 13.

Art. 11.—Dans les écoles qui n'ont qu'un maître et qu'une classe, il ne pourra être établi aucune division ni dans le cours moyen ni dans le cours supérieur ; il n'en pourra être établi plus de deux pour les enfants au-dessous de 9 ans.

Dans les écoles qui n'ont que deux maîtres, l'un sera chargé du cours moyen et du cours supérieur, l'autre du cours élémentaire, y compris, s'il y a lieu, la division des enfants au-dessous de 7 ans.

Dans les écoles qui ont trois maîtres, chaque cours forme une classe distincte.

Dans les écoles à quatre classes, le cours élémentaire comptera deux classes ; chacun des deux autres cours, une seule classe.

Dans les écoles à cinq classes, le cours élémentaire comptera deux classes ; le cours moyen, deux ; le cours supérieur, une.

Dans les écoles à six classes, chacun des trois cours formera deux classes, à moins que le nombre des élèves du cours supérieur ne permette de les réunir en une seule classe.

Art. 12. — Toutes les fois qu'un même cours comprendra deux classes, l'une formera la première année de cours ; l'autre, la seconde.

Ces deux classes suivront le même programme, mais les leçons et les exercices seront gradués de telle sorte que les élèves puissent, dans la seconde année, revoir, approfondir et compléter les études de la première.

Art. 13. —Au-dessus des six classes, quel que soit le nombre des maîtres, aucun cours ne devra former plus de deux années. Les classes en plus du nombre de six, non compris la classe enfantine, seront des classes parallèles destinées à dédoubler l'effectif, soit de la première, soit de la seconde année.

Art. 14. — Chaque année, à la rentrée, les élèves, suivant leur degré d'instruction, sont répartis par le directeur dans les diverses classes des trois cours, sous le contrôle de l'inspecteur primaire.

Le certificat d'études donne droit à l'entrée dans le cours supérieur.

Art. 15. — Chaque élève, à son entrée à l'école, recevra un cahier spécial qu'il devra conserver pendant toute la durée de sa scolarité. Le premier devoir de chaque mois dans chaque ordre d'études sera écrit sur ce cahier par l'élève, en classe et sans recours étranger, de telle sorte que l'ensemble de ces devoirs permette de suivre la série des exercices et d'apprécier les progrès de l'élève d'année en année. Ce cahier restera déposé à l'école.

Art. 16. — Tout concours entre les écoles publiques auquel ne participerait pas l'ensemble des élèves de l'un au moins des trois cours est formellement interdit.

Art. 17. — L'enseignement donné dans les écoles primaires publiques se rapporte à un triple objet : *éducation physique, éducation intellectuelle, éducation morale* Les leçons et exercices gradués qu'il comporte sont répartis dans le cours d'études, conformément aux programmes annexés au présent arrêté.

Art. 18 Au commencement de chaque année scolaire, le tableau de l'emploi du temps par jour et par heure est dressé par le directeur de l'école, et, après approbation de l'inspecteur primaire, il est affiché dans les salles de classe.

Art. 19. — La répartition des exercices doit satisfaire aux conditions générales ci-après déterminées.

I. Chaque séance doit être partagée en plusieurs exercices différents, coupés par les récréations réglementaires.

II. Les exercices qui demandent le plus grand effort d'attention, tels que les exercices d'arithmétique, de grammaire, de rédaction, seront placés de préférence le matin, ou, dans les écoles de demi-temps, au commencement de la classe.

III. Toute leçon, toute lecture, tout devoir sera accompagné d'explications orales et d'interrogations.

IV. La correction des devoirs et la récitation des leçons ont lieu pendant les heures de classes auxquelles se rapportent ces devoirs et ces leçons. Dans la règle, les devoirs sont corrigés au tableau noir en même temps que se fait la visite des cahiers. Les rédactions sont corrigées par le maître en dehors de la classe.

V. Les trente heures de classe par semaine (non compris le temps qué les élèves peuvent consacrer, soit à domicile, soit dans les études surveillées, à la préparations des devoirs et des leçons), devront être réparties d'après les indications suivantes :

1° Il y aura chaque jour, dans les deux premiers cours, au moins une leçon qui, sous la forme d'entretien familier, ou au moyen d'une lecture appropriée, sera consacrée à l'instruction morale; dans le cours supérieur, cette leçon sera, autant que possible, le développement méthodique du programme de morale.

2° L'enseignement du français (exercice de lecture, lectures expliquées, leçons de grammaire, exercices orthographiques, dictées, analyses, récitations, exercices de composition, etc.), occupera tous les jours environ deux heures.

3° L'enseignement scientifique occupera en moyenne, et suivant les cours, d'une heure à une heure et demie par jour, savoir : trois quarts d'heure ou une heure pour l'arithmétique et les exercices qui s'y rattachent, le reste pour les leçons de choses et les premières notions scientifiques.

4° L'enseignement de l'histoire et de la géographie, auquel se rattache l'instruction civique, comportera environ une heure de leçon tous les jours.

5° Le temps consacré aux exercices d'écriture proprement dite sera d'une heure au moins par jour dans le cours élementaire et se réduira graduellement à mesure que les divers devoirs dictés ou rédigés pourront en tenir lieu.

6° L'enseignement du dessin, commencé par des leçons très courtes dès le cours élémentaire, occupera dans les deux autres cours deux ou trois leçons chaque semaine.

7° Les leçons de chant occuperont d'une à deux heures par semaine, indépendamment des exercices de chant, qui auront lieu tous les jours à la rentrée et à la sortie des classes.

8° La gymnastique, outre les évolutions et les exercices sur place qui peuvent accompagner les mouvements de classe, occupera tous les jours ou au moins tous les deux jours une séance dans le courant de l'après-midi.

En outre, dans les communes où les bataillons scolaires sont constitués, les exercices de bataillon ne pourront avoir lieu que le jeudi et le dimanche; le temps à y consacrer sera déterminé par l'instructeur militaire, de concert avec le directeur de l'école.

9° Enfin, pour les garçons aussi bien que pour les filles, deux ou trois heures par semaine seront consacrées aux travaux manuels.

Comme on le voit, ces onze articles de l'arrêté constituent à la fois un règlement pédagogique et un plan d'études. Ils assignent aux diverses matières du programme légal leur place et leur mesure. L'annexe F les complète en montrant dans quel esprit ces matières doivent être enseignées, en signale les points saillants et indique au moins les grandes lignes du développement qu'il convient de donner à chacune d'elles. C'est pourquoi nous croyons devoir la reproduire aussi dans son entier et sans nous écarter du texte officiel.

—

PROGRAMMES D'ENSEIGNEMENT DES ECOLES PRIMAIRES ÉLÉMENTAIRES

(ANNEXE F.)

I

Éducation physique. — Objet. — Méthode. — Programme.

1° OBJET DE L'ÉDUCATION PHYSIQUE.

L'éducation physique a un double but :

D'une part, fortifier le corps, affermir le tempérament de l'enfant, le placer dans les conditions hygiéniques les plus favorables à son développement physique en général.

D'autre part, lui donner de bonne heure ces qualités d'adresse et d'agilité, cette dextérité de la main, cette promptitude et cette sûreté de mouvements qui, précieuses pour tous, sont plus particulièrement nécessaires aux élèves des écoles primaires, destinés pour la plupart à des professions manuelles.

Sans perdre son caractère essentiel d'établissement d'éducation, et sans se changer en atelier, l'école primaire peut et doit faire aux exercices du corps une part suffisante pour préparer et prédisposer, en quelque sorte, les garçons aux futurs travaux de l'ouvrier et du soldat, les filles aux soins du ménage et aux ouvrages de femmes.

2° MÉTHODE.

Les exercices du corps faisant diversion à l'ensemble des travaux scolaires et des leçons proprement dites, il sera généralement facile d'obtenir que les élèves y apportent de la bonne volonté et de l'entrain, qu'ils les considèrent comme une véritable récréation.

La marche de l'enseignement est réglée avec le plus grand détail pour la gymnastique et les exercices militaires, par les manuels publiés sous les auspices du ministère, ainsi que par les directions que donnent les professeurs et instructeurs spéciaux.

Pour le travail manuel des garçons, les exercices se répartissent en deux groupes : l'un comprend les divers exercices destinés d'une façon générale à délier les doigts et à faire acquérir la dextérité, la souplesse, la rapidité et la justesse des mouvements ; l'autre groupe comprend les exercices gradués de modelage qui servent de complément à l'étude correspondante du dessin, et particulièrement du dessin industriel.

Le travail manuel des filles, outre les ouvrages de couture et de coupe, comporte un certain nombre de leçons, de conseils, d'exercices au moyen desquels la maîtresse se proposera, non pas de faire un cours régulier d'économie domestique, mais d'inspirer aux jeunes filles, par un grand nombre d'exemples pratiques, l'amour de l'ordre, de leur faire acquérir les qualités sérieuses de la femme de ménage et de les mettre en garde contre les goûts frivoles ou dangereux.

3ᵉ PROGRAMME.

	CLASSE ENFANTINE DE 5 A 7 ANS.	COURS ÉLÉMENTAIRE DE 7 A 9 ANS.
1° Soins d'hygiène et de propreté.	Inspection des enfants à leur arrivee. — Surveillance de leurs jeux au point de vue hygienique. — Soins particuliers pour les plus faibles.	Inspection des enfants à leur arrivée et à leur rentrée en classe. —Exiger une absolue propreté. — Surveiller leurs jeux. — Conseils pratiques et donnés, soit en commun, soit en particulier, sur l'alimentation, le vêtement, la tenue du corps et des habits.
2° Gymnastique. (Suivre les *Manuels* distincts, pour les garçons et pour les filles, publies par le ministère.)	Jeux, rondes, évolutions, mouvements rythmés, exercices gradues.	Exercices préparatoires. — Mouvements et flexion des bras et des jambes. Exercice des haltères et de la barre. — Course cadencée. — Evolutions.
3° Exercices militaires. (Pour les garçons.)	....	....
4° Travaux manuels. (Pour les garçons.)	Petits exercices de tressage, pliage, tissage. Découpage et application de pièces de papier de couleur sur des dessins géométriques. Petite vannerie. Combinaisons en laine	Exercices manuels destinés à développer la dextérité de la main. Découpage de carton-carte en forme de solides géométriques. Vannerie : assemblage de brins de couleurs diverses. Modelage : reproduction de

3ᵉ PROGRAMME.

COURS MOYEN DE 9 A 11 ANS.	COURS SUPÉRIEUR DE 11 A 13 ANS.
Suite des mêmes moyens d'instruction et d'éducation.	Suite des mêmes moyens d'instruction et d'éducation.
Suite des exercices de flexion et d'extension des bras et des jambes. — Exercices avec haltères. — Exercices de la barre, des anneaux, de l'échelle, de la corde à nœuds, des barres à suspension, des barres parallèles fixes, de la poutre horizontale, des perches, du trapèze. — Évolutions.	Suite des mêmes exercices. — Exercices d'équilibre sur un pied. — Mouvements des bras combinés avec la marche. — Exercices à deux avec la barre. — Courses. — Sauts ; exercice de la canne (pour les garçons).
Exercices de marche, d'alignement, de formation des pelotons, etc. — Préparation à l'exercice militaire.	Exercices militaires : École du soldat sans armes. — Principes des différents pas. — Alignements. — Marches, contremarches et haltes. — Changements de direction.
Construction d'objets de cartonnage revêtus de dessins coloriés et de papier de couleur. Petits travaux en fil de fer ; treillage. Combinaison de fil de fer et de bois ; cages. Modelage : ornements simples d'architecture.	Exercices combinés de dessin et de modelage : croquis coté d'objets à exécuter et construction de ces objets d'après les croquis, ou *vice versa*. Étude des principaux outils employés au travail du bois. — Exercices pratiques gradués. — Rabotage, sciage des bois, assemblages simples. Boîte

	CLASSE ENFANTINE DE 5 A 7 ANS.	COURS ÉLÉMENTAIRE DE 7 A 9 ANS.
4° Travaux manuels. (Pour les garçons.) (Suite)	de couleur sur le canevas ou le papier. —	solides géométriques et d'objets très simples. —
5° Travaux manuels. (Pour les filles.)	Petits exercices Frœbel : tissage, pliage, tressage. Petits ouvrages de tricot. —	Tricot et étude du point; mailles à l'endroit, à l'envers, côtes, augmentations, diminutions. Point de marque sur canevas. Éléments de couture : ourlets et surjets. Exercices manuels destinés à développer la dextérité de la main, découpage et application de pièces de papier de couleur — Petits essais de modelage.

COURS MOYEN DE 9 A 11 ANS.	COURS SUPÉRIEUR DE 11 A 13 ANS.
Notions sur les outils les plus usuels.	clouées ou assemblées sans pointes. Tour à bois, tournage d'objets très simples. Étude des principaux outils employés dans le travail du fer, exercices de lime, ébarbage ou finissage d'objets bruts de forge ou venus de fonte. —
Tricot et remmaillage. Marque sur canevas. Éléments de la couture : point devant, point de côté, point arrière, point de surjet. — Couture simple, ourlet, couture double, surjets sur lisières, sur plis rentrés. Confection d'ouvrages de couture simples et faciles (essuie-mains, serviettes, mouchoirs, tabliers, chemises), rapiéçage.	Tricot de jupons, gilets, gants. Marque sur la toile. Piqûres, froncés, boutonnières, raccommodage des vêtements, reprises. Notions de coupe et confection des vêtements les plus faciles. Notions très simples d'économie domestique et application à la cuisine, — au blanchissage et à l'entretien du linge, — à la toilette, — aux soins du menage, du jardin, de la basse-cour. — Exercices pratiques à l'école et à domicile.

II

Éducation intellectuelle. — Objet. — Méthode. Programme.

1° OBJET DE L'ÉDUCATION INTELLECTUELLE.

L'éducation intellectuelle, telle que peut la faire l'école primaire publique, est facile à caractériser.

Elle ne donne qu'un nombre limité de connaissances. Mais ces connaissances sont choisies de telle sorte que, non seulement elles assurent à l'enfant tout le savoir pratique dont il aura besoin dans la vie, mais encore elles agissent sur ses facultés, forment son esprit, le cultivent, l'étendent et constituent vraiment une éducation.

L'idéal de l'école primaire n'est pas d'enseigner beaucoup, mais de bien enseigner. L'enfant qui en sort sait peu, mais sait bien ; l'instruction qu'il a reçue est restreinte, mais elle n'est pas superficielle. Ce n'est pas une demi-instruction, et celui qui la possède ne sera pas un demi-savant ; car, ce qui fait qu'une instruction est dans son genre complète ou incomplète, ce n'est pas l'étendue plus ou moins vaste du domaine qu'elle cultive, c'est la manière dont elle l'a cultivé.

L'instruction primaire, en raison de l'âge des élèves et des carrières auxquelles ils se destinent, n'a ni le temps ni les moyens de leur faire parcourir un cycle d'études égal à celui de l'enseignement secondaire ; ce qu'elle peut faire pour eux, c'est que leurs études leur profitent autant et leur rendent, dans une sphère plus humble, les mêmes services que les études secondaires aux élèves des lycées : c'est que les uns comme les autres emportent de l'enseignement public d'abord une somme de connaissances appropriées à leurs futurs besoins, ensuite et surtout de bonnes habitudes d'esprit, une intelligence ouverte et éveillée, des idées claires, du jugement, de la réflexion, de l'ordre et de la justesse dans la pensée et dans le langage. « L'objet de l'enseignement primaire », — comme on l'a très justement dit[1], — « n'est pas d'embrasser sur les diverses matières « auxquelles il touche tout ce qu'il est possible de savoir, mais de « bien apprendre dans chacune d'elles ce qu'il n'est pas permis « d'ignorer. »

---

1. Gréard, *Rapport sur la situation de l'enseignement primaire de la Seine en 1875.*

2' MÉTHODE.

L'objet de l'enseignement étant ainsi défini, la méthode à suivre s'impose d'elle-même : elle ne peut consister, ni dans une suite de procédés mécaniques, ni dans le seul apprentissage de ces premiers instruments de communication : la lecture, l'écriture, le calcul, ni dans une froide succession de leçons exposant aux élèves les différents chapitres d'un cours.

La seule méthode qui convienne à l'enseignement primaire est celle qui fait intervenir tour à tour le maître et les élèves, qui entretient pour ainsi dire entre eux et lui un continuel échange d'idées sous des formes variées, souples et ingénieusement graduées. Le maître part toujours de ce que les enfants savent, et, procédant du connu à l'inconnu, du facile au difficile, il les conduit, par l'enchaînement des questions orales ou des devoirs écrits, à découvrir les conséquences d'un principe, les applications d'une règle, ou inversement les principes et les règles qu'ils ont déjà inconsciemment appliqués.

En tout enseignement, le maître, pour commencer, se sert d'objets sensibles, fait voir et toucher les choses, met les enfants en présence de réalités concrètes, puis peu à peu il les exerce à en dégager l'idée abstraite, à comparer, à généraliser, à raisonner sans le secours d'exemples matériels.

C'est donc par un appel incessant à l'attention, au jugement, à la spontanéité intellectuelle de l'élève que l'enseignement primaire peut se soutenir. Il est essentiellement intuitif et pratique ; *intuitif*, c'est-à-dire qu'il compte avant tout sur le bon sens naturel, sur la force de l'évidence, sur cette puissance innée qu'a l'esprit humain de saisir du premier regard et sans démonstration non pas toutes les vérités, mais les vérités les plus simples et les plus fondamentales ; *pratique*, c'est-à-dire qu'il ne perd jamais de vue que les élèves de l'école primaire n'ont pas de temps à perdre en discussions oiseuses, en théories savantes, en curiosités scolastiques, et que ce n'est pas trop de cinq à six années de séjour à l'école pour les munir du petit trésor d'idées dont ils ont strictement besoin et surtout pour les mettre en état de le conserver et de le grossir dans la suite.

C'est à cette double condition que l'enseignement primaire peut entreprendre l'éducation et la culture de l'esprit ; c'est, pour ainsi dire, la nature seule qui le guide : il développe parallèlement les diverses facultés de l'intelligence par le seul moyen dont il dispose, c'est-à-dire en les exerçant d'une manière simple, spontanée, presque instinctive : il forme le jugement en amenant l'enfant à juger, l'esprit d'observation en faisant beaucoup observer, le raisonnement en aidant l'enfant à raisonner de lui-même et sans règles de logique.

Cette confiance dans les forces naturelles de l'esprit qui ne demandent qu'à se développer et cette absence de toute prétention à la science proprement dite conviennent à tout enseignement rudimentaire, mais s'imposent surtout à l'école primaire publique, qui doit agir, non sur quelques enfants pris à part, mais sur la masse de la population enfantine. L'enseignement y est nécessairement collectif et simultané ; le maître ne peut se donner à quelques-uns, il se doit à tous ; c'est par les résultats obtenus sur l'ensemble de sa

3ᵉ PROGRAMME.

	CLASSE ENFANTINE DE 5 A 7 ANS.	COURS ÉLÉMENTAIRE DE 7 A 9 ANS.
1° Lecture.	Premiers exercices de lecture. Lettres, syllabes, mots.	Lecture courante avec explication des mots......
2° Écriture.	Premiers éléments....	Écriture en gros, en moyen et en fin.
3° Langue française.	Exercices combinés de langage, de lecture et d'écriture préparant à l'orthographe.	Notions premières données oralement sur le nom (le nombre, le genre), l'adjectif, le pronom, le verbe (premiers éléments de la conjugaison). Idée de la formation du pluriel et du féminin ; — de l'accord de l'adjectif avec le nom, du verbe avec le sujet. Idée de la proposition simple.
	1° Exercices oraux. — Questions très familières ayant pour objet d'apprendre aux enfants à s'exprimer nettement ; corriger	1° Exercices oraux. — Questions et explications notamment au cours de la leçon de lecture, ou de la correction des devoirs. Interrogations sur

classe et non pas sur une élite seulement que son œuvre pédagogique doit être appréciée. Quelles que soient les inégalités d'intelligence que présentent ses élèves, il est un minimum de connaissances et d'aptitudes que l'enseignement primaire doit communiquer, sauf des exceptions très rares, à tous les élèves : ce niveau sera très facilememt dépassé par quelques-uns, mais, le fût-il, s'il n'est pas atteint par tout le reste de la classe, le maître n'a pas bien compris sa tâche ou ne l'a pas entièrement remplie.

3ᵉ PROGRAMME.

COURS MOYEN DE 9 A 11 ANS.	COURS SUPERIEUR DE 11 A 13 ANS.
Lecture courante avec explications	Lecture expressive.
Écriture cursive ordinaire.....	Cursive, ronde, bâtarde.
Grammaire élémentaire. — Les dix parties du discours. — Conjugaisons. — Notions de syntaxe. Règles générales du participe passé. Notions sur les familles de mots, les mots dérivés et composés. Principes de la ponctuation.	Revision de la grammaire et de la syntaxe. Étude de la proposition et des principales sortes de propositions. Fonctions des mots dans la phrase. Principales règles relatives à l'emploi des mots et à la concordance des temps. Cas difficiles que présente l'orthographe de certains noms, pronoms, adjectifs, verbes irréguliers. Notions d'étymologie usuelle et de dérivation.
1° Exercices oraux. — Élocution et prononciation : Interrogations grammaticales. Reproduction de récits faits de vive voix ; résumé de morceaux lus en classe.	1° Exercices oraux. — Suite et développement des exercices d'élocution. Compte rendu de lectures, de leçons, de promenades, d'expériences, etc.

	CLASSE ENFANTINE DE 5 A 7 ANS.	COURS ÉLÉMENTAIRE DE 7 A 9 ANS.
3° Langue française. (Suite.)	les défauts de pro nonciation' ou d'accent local.	le sens, l'emploi, l'orthographe des mots du texte lu. — Épellation de mots difficiles. Reproduction orale de petites phrases lues et expliquees, puis de récits ou de fragments de récits faits par le maitre.
	2° Exercices de mémoire............ Récitation de très courtes poésies.	2° Exercices de mémoire.. Récitations de poésies d'un genre très simple.
	3° Exercices écrits.... Premières dictées d'un mot, puis de deux ou trois, puis de très petites phrases.	3° Exercices écrits........ Dictées graduées d'orthographe usuelle et d'orthographe de règles. Petits exercices grammaticaux de forme très variée. Reproduction écrite (au tableau noir, sur l'ardoise, sur cahier) de quelques phrases expliquees precédemment. Composition de petites phrases avec des éléments donnés.
		4° Exercices d'analyse. Analyse grammaticale (le plus souvent orale, quelquefois écrite). Décomposition de la proposition en ses termes essentiels.

COURS MOYEN DE 9 A 11 ANS.	COURS SUPÉRIEUR DE 11 A 13 ANS.
	Exposé de vive voix par l'élève d'un morceau historique ou littéraire qu'il a été chaigé de lire ou d'analyser.
2° Exercices de mémoire : Récitation de fables, de petites poésies, de quelques morceaux de prose,	2° Exercices de mémoie : Récitation expressive de morceaux choisis, en prose et en vers, de dialogues, de scènes empiuntées aux classiques.
3° Exercices écrits : Dictées prises autant que possible dans les auteurs classiques et sans recherche des difficultés grammaticales. Exercices d'invention, de construction de phrases ; homonymes, synonymes. Correction mutuelle des dictées et des exercices par les élèves. Reproduction écrite et non littérale de morceaux lus en classe ou à domicile, et de récits faits de vive voix par le maître. Premiers exercices de rédaction sur les sujets les plus simples et les mieux connus des enfants.	3° Exercices écrits : Dictees prises dans les auteurs classiques et sans recherche des difficultés grammaticales. Exercices sur la dérivation et la composition des mots, sur l'étymologie, sur l'application des regles les plus importantes de la syntaxe. Rédaction sur des sujets simples. — Compte rendu de leçons et de lectures.
4° Exercices d'analyse : Analyse grammaticale, surtout orale. Analyse logique, bornée aux distinctions fondamentales.	4° Exercices d'analyse : Questions d'analyse grammaticale à propos de cas difficiles rencontrés dans la lecture. Exercices oraux d'analyse logique.

	CLASSE ENFANTINE DE 5 A 7 ANS.	COURS ELÉMENTAIRE DE 7 A 9 ANS.
3° **Langue française.** (Suite.)	5° Lectures très brèves faites par la maîtresse, écoutées et racontées par les enfants.	5° Lecture à haute voix par le maître, deux fois par semaine, d'un morceau propre à intéresser les enfants.
4° **Histoire.**	Anecdotes, biographies tirées de l'histoire nationale, contes, récits de voyage. Explications d'images.	Récits et entretiens familiers sur les plus grands personnages et les faits principaux de l'histoire nationale, jusqu'au commencement de la guerre de Cent ans.
5° **Géographie.**	Causeries familières et petits exercices préparatoires, servant surtout à provoquer l'esprit d'observation chez les enfants en leur faisant simplement remarquer les phénomènes les plus ordinaires, les principaux accidents du sol.	Suite et développement des exercices du premier âge. Les points cardinaux, non appris par cœur, mais trouvés sur le terrain, dans la cour, dans les promenades, d'après la position du soleil. Exercices d'observation : les saisons, les principaux phénomènes atmosphériques, l'horizon, les accidents du sol, etc. Explication des termes géographiques (montagnes, fleuves, mers, golfes, isthmes, détroits, etc.), en partant toujours d'objets vus par l'élève et en procédant par analogie. Préparation à l'étude de la géographie, par la méthode intuitive et descriptive : 1° La géographie locale (maison, rue, hameau,

COURS MOYEN DE 9 A 11 ANS.	COURS SUPÉRIEUR DE 11 A 13 ANS.
5° Lecture à haute voix par le maître, deux fois par semaine, de morceaux empruntés aux auteurs classiques.	5° Lectures par le maître, avec le concours des élèves, sujets littéraires, dramatiques, historiques.
Cours élémentaire d'histoire de France, insistant exclusivement sur les faits essentiels depuis la guerre de Cent ans. *Exemple de répartition trimestrielle.* 1er trimestre : De 1328 à 1610. 2e trimestre : De 1610 à 1789. 3e trimestre : De 1789 à nos jours. 4e trimestre : Revision.	Revision méthodique de l'histoire de France; étude plus approfondie de la periode moderne. Notions très sommaires d'histoire genérale : pour l'antiquité, l'Égypte, les Juifs, la Grèce, Rome; pour le moyen âge et les temps modernes, grands evénements étudies surtout dans leurs rapports avec l'histoire de France.
Géographie de la France et de ses colonies : Géographie physique; Géographie politique avec étude plus approfondie du canton. du département, de la région. Exercices de cartographie au tableau noir et sur cahier, sans calque.	Revision et développement de la géographie de la France. Géographie physique et politique de l'Europe. Géographie plus sommaire des autres parties du monde. Les colonies françaises. Exercices cartographiques de mémoire.

	CLASSE ENFANTINE — DE 5 A 7 ANS.	COURS ÉLÉMENTAIRE DE 7 A 9 ANS.
5° Géographie. (Suite.)		commune, canton, etc.). 2° La géographie générale (la terre, sa forme, son étendue, ses grandes divisions, leurs subdivisions). Idée de la représentation cartographique : éléments de la lecture des plans et cartes. Globe terrestre, continents et océans. Entretiens sur le lieu natal.
6° Instruction civique.		Explications très familières, à propos de la lecture, des mots pouvant éveiller une idée nationale tels que : citoyen, soldat, armée, patrie ; — commune, canton, département, nation ; — loi, justice, force publique, etc.
7° Calcul, arithmétique	Premiers éléments de la numération orale et écrite. Petits exercices de calcul mental. Addition et soustraction sur des nombres concrets et ne dépassant pas la première centaine. Étude des dix premiers nombres et des expressions demi, moitié, tiers, quart. Les quatre opérations sur des nombres de deux chiffres. Le mètre, le franc, le litre.	Principes de la numération parlée et de la numération écrite. Calcul mental : Les quatre règles appliquées intuitivement d'abord à des nombres de 1 a 10 ; puis de 1 à 20 ; puis de 1 à 100. Étude de la table d'addition et de la table de multiplication. Calcul écrit : L'addition, la soustraction, la multiplication ; règles générales des trois opérations sur les nombres entiers. La division bor-

COURS MOYEN	COURS SUPÉRIEUR
DE 9 A 11 ANS.	DE 11 A 13 ANS.
Notions très sommaires sur l'organisation de la France. Le citoyen, ses obligations et ses droits ; l'obligation scolaire, le service militaire, l'impôt, le suffrage universel. La commune, le maire et le conseil municipal. Le département, le préfet et le conseil général. L'État, le pouvoir législatif, le pouvoir exécutif, la justice.	Notions plus approfondies sur l'organisation politique, administrative et judiciaire de la France : La constitution, le président de la République, le Sénat, la Chambre des députés, la loi; l'administration centrale, départementale et communale, les diverses autorités ; — la justice civile et pénale : l'enseignement, ses divers degrés; — la force publique, l'armée.
Revision du cours précédent. La division des nombres entiers. Idée générale des fractions. Les fractions décimales. Application des quatre règles aux nombres décimaux. Règle de trois, règle d'intérêt simple. Système légal des poids et mesures. Problèmes et exercices d'application. — Solutions raisonnées. Suite et développement des exercices de calcul mental appliqués à toutes ces opérations.	Revision avec développement, d'une part, pour la théorie et le raisonnement; d'autre part, pour la recherche des procédés rapides, soit de calcul mental, soit de calcul écrit. Nombres premiers. Caractères de divisibilité les plus importants. — Principe de la décomposition d'un nombre en ses facteurs premiers. — Plus grand commun diviseur. — Méthode de réduction à l'unité appliquée à la résolution des problèmes d'intérêt, d'escompte, de partage, de moyennes, etc. Système métrique, applications

	CLASSE ENFANTINE DE 5 A 7 ANS.	COURS ÉLÉMENTAIRE DE 7 A 9 ANS.
7° Calcul, arithmétique. (Suite.)	—	née aux nombres de deux chiffres au diviseur. Petits problèmes oraux ou écrits, portant sur les sujets les plus usuels ; exercices de raisonnement sur les problèmes et sur les opérations exécutés. Notions du mètre, du litre, du franc, du gramme, de ses multiples et sous-multiples.
8° Géométrie.		Simples exercices pour faire reconnaître et désigner les figures régulières les plus élémentaires : carré, rectangle, triangle, cercle. Différentes sortes d'angles. Idee des trois dimensions. Notions sur les solides au moyen de modèles en relief. Exercices fréquents de mesure et de comparaison des grandeurs par le coup d'œil; appréciation approximative des distances et leur évaluation en mesures métriques.
9° Dessin d'ornement.	Combinaisons de lignes. Représentation de ces combinaisons sur l'ardoise et le papier au crayon ordinaire ou en traits de couleur ; petits dessins d'invention sur le papier quadrillé; reproduction de dessins très simples faits par la maîtresse.	Tracé des lignes droites et leur division en parties égales. Évaluation des rapports des lignes entre elles. Reproduction et évaluation des angles. Premiers principes du dessin d'ornement. Circonférences, polygones réguliers, rosaces étoilées.

| COURS MOYEN | COURS SUPÉRIEUR |
DE 9 A 11 ANS.	DE 11 A 13 ANS.
	à la mesure des volumes et à leurs rapports avec les poids. Premières notions de comptabilité.
Étude et représentation graphique au tableau noir des figures de géométrie plane et de leurs combinaisons les plus simples. Notions pratiques sur le cube, le prisme, le cylindre, la sphère, sur leurs propriétés fondamentales; applications au système métrique.	Notions sommaires sur la géométrie plane et sur la mesure des volumes. *Pour les garçons :* Application aux opérations les plus simples de l'arpentage. Idée du nivellement.
	Premières notions de dessin géométral et éléments de perspective.
Dessin à main levée. — Courbes géométriques usuelles : ellipses, spirales, etc. Courbes empruntées au règne végétal : tiges, feuilles, fleurs. Copie de plâtres représentant des ornements plans d'un faible relief. Premières notions de dessin géométral et éléments de perspective. Représentation géométrale au trait et représentation per-	*Dessin à main levée.* — Dessin, d'après l'estampe et d'après le relief, d'ornements purement géométriques : moulures, oves, rais de cœur, perles, denticules, etc. Dessin, d'après l'estampe et d'après le relief, d'ornements empruntant leurs éléments au règne végétal : feuilles, fleurs et fruits, palmettes, rinceaux, etc. Notions élémentaires sur les or-

	CLASSE ENFANTINE DE 5 A 7 ANS.	COURS ÉLÉMENTAIRE DE 7 A 9 ANS.
9° Dessin d'ornement. (Suite)	Représentation d'objets usuels les plus simples.	
10° Éléments usuels des sciences physiques et naturelles. (Leçons de choses)	Notions très élémentaires sur le corps humain; hygiène (petits conseils); petite étude comparée des animaux que l'enfant connaît, des plantes, des pierres, des métaux; quelques plantes alimentaires et industrielles; pierres et métaux d'usage ordinaire.	Leçons de choses graduées. (L'homme, les animaux, les végétaux, les minéraux), observation d'objets et de phénomènes usuels avec des explications simples. Notions sommaires sur la transformation des matières premières en matières ouvrées d'usage courant (aliments, tis-

| COURS MOYEN | COURS SUPÉRIEUR |
DE 9 A 11 ANS.	DE 11 A 13 ANS.
spective, au trait, puis avec les ombres, de solides géométriques et d'objets usuels simples.	dres d'architecture données au tableau par le maître (3 leçons).
Dessin géométrique. — Emploi (au tableau) des instruments servant au tracé des lignes droites et des circonférences : règle, compas, équerre et rapporteur.	Dessin de la tête humaine : ses parties, ses proportions.
Se borner, dans cette partie du cours, à faire comprendre aux élèves l'usage de ces instruments, dont ils acquerront le maniement dans le cours supérieur.	*Dessin géométrique.* — Exécution sur le papier, avec l'aide des instruments, des tracés géométriques qui ont été faits au tableau dans le cours moyen.
	Principes du lavis à teintes plates.
	Dessin reproduisant des motifs de décoration de surfaces planes ou d'un faible relief : carrelages, parquetages, vitraux, panneaux, plafonds. Lavis à l'encre de Chine et à la couleur de quelques-uns de ces dessins.
	Relevé avec cotes, et représentation géométrale au trait, de solides géométriques et d'objets simples, tels que : assemblage de charpente et de menuiserie, dispositions extérieures d'appareils de pierre de taille, grosses pièces de serrurerie, meubles les plus ordinaires, etc. — Emploi du lavis pour exprimer la nature des matériaux. — Lavis des plans et des cartes.
Notions très élémentaires de sciences naturelles.	Notions de sciences naturelles, revision, avec extension, du cours moyen.
L'homme. — Description sommaire du corps humain et idée des principales fonctions de la vie.	*L'homme.* — Notions sur la digestion, la circulation, la respiration, le système nerveux, les organes des sens. Conseils pratiques d'hygiène. Abus de l'alcool, du tabac, etc.
Les animaux. — Notions des grands embranchements et de la division des vertébrés en classes, à l'aide d'un animal pris comme type de chaque groupe.	*Les animaux.* — Grands traits de la classification. Animaux utiles et animaux nuisibles.
Les végétaux. — Études, sur	*Les végétaux.* — Parties essen-

	CLASSE ENFANTINE DE 5 A 7 ANS	COURS ÉLÉMENTAIRE DE 7 A 9 ANS.
10° Éléments usuels des sciences physiques et naturelles. (Suite)	L'air, l'eau (vapeur, nuage, pluie, neige, glace). Petites leçons de choses, toujours avec les objets mis sous les yeux et dans les mains des enfants. Exercices et entretiens familiers ayant pour but de faire acquérir aux enfants les premiers éléments des connaissances usuelles (la droite et la gauche ; noms des jours et des mois ; distinction d'animaux, de végétaux, de minéraux ; les saisons) et surtout de les amener à regarder, à observer, à comparer, à questionner et à retenir. Pour l'ordre à suivre dans les leçons, on essayera de combiner, toutes les fois qu'on le pourra, en les rattachant à un même objet, la leçon de choses, le dessin, la leçon morale, les jeux et les chants, de manière que l'unité d'impression de ces diverses formes d'enseignement laisse une trace plus durable dans l'esprit et le cœur des enfants. On s'efforcera de régler, autant que possible, l'ordre des leçons par l'ordre des saisons, afin que la nature même four-	sus, papiers, bois, pierres, métaux). Petites collections faites par les élèves, notamment au cours des promenades scolaires.

COURS MOYEN DE 9 A 11 ANS.	COURS SUPÉRIEUR DE 11 A 13 ANS.
quelques types choisis, des principaux organes de la plante; notion des grandes divisions du règne végétal, indication de plantes utiles et nuisibles (surtout dans les promenades scolaires). Les trois états des corps. Notions sur l'air et l'eau et sur la combustion : petites démonstrations expérimentales.	tielles de la plante; principaux groupes Herborisations. *Les minéraux.* — Notions sommaires sur le sol, les roches, les fossiles, les terrains : exemples tirés de la contrée. Excursions et petites collections. *Premières notions de physique.* — Pesanteur. Levier. Premiers principes de l'équilibre des liquides. Pression atmosphérique : baromètre. Notions très élémentaires et expériences les plus faciles sur la chaleur, la lumière, l'électricité, le magnétisme (thermomètre, machine à vapeur, paratonnerre, télégraphe, boussole). *Premières notions de chimie.* — Idée des corps simples, des corps composés. Métaux et sels usuels.

	CLASSE ENFANTINE DE 5 A 7 ANS.	COURS ÉLÉMENTAIRE DE 7 A 9 ANS.
10° Éléments usuels, etc. (Suite.)	nisse les objets de ces leçons et que l'enfant contracte ainsi l'habitude d'observer, de comparer et de juger.	
11° Agriculture et horticulture. (Loi du 15 juin 1879, art. 10.)		Premières leçons dans le jardin de l'école.
12° Chant.	Petits chants des salles d'asile. Chants à l'unisson et à deux parties, exclusivement appris par l'audition.	Chants appris tout d'abord exclusivement par l'audition. Lecture des notes.

COURS MOYEN DE 9 A 11 ANS.	COURS SUPÉRIEUR DE 11 A 13 ANS.
Notions. à propos des lectures, des leçons de choses et des promenades, sur les principales espèces de sols, les engrais, les travaux et les instruments usuels de culture (bêche, hoyau, charrue, etc.).	Notions plus méthodiques sur les travaux agricoles, les outils aratoires, le drainage, les engrais naturels et artificiels, les semailles et les récoltes ; — sur les animaux domestiques, — sur la comptabilité agricole. Notions d'horticulture : principaux procédés de multiplication des végetaux les plus utiles de la contree. Notions d'arboriculture : greffes les plus importantes.
Chants d'ensemble à une et à deux voix appris par l'audition. Connaissance des notes, portée, clef de *sol*, lecture, premiers exercices d'intonation ; durée, ronde, blanche, noire, croche, silences, mesurès à deux, trois et quatre temps ; lecture des notes avec la duree en battant la mesure. Exercices les plus simples de solfege ; dictées orales.	Continuation du cours moyen. Exercices d'intonation. Clef de *sol* et clef de *fa*. Gamme diatonique majeure, intervalles naturels, signes altératifs. Principaux tons majeurs et mineurs. Durée Exercices de solfège, dictées orales, exécution de morceaux d'ensemble à une et à deux parties.

ANNEXE

AU 2ᵉ PARAGRAPHE DES PROGRAMMES OFFICIELS.

ÉDUCATION INTELLECTUELLE : COURS ÉLÉMENTAIRE :

10° *ÉLÉMENTS DES SCIENCES PHYSIQUES ET NATURELLES*

(Voy. p. 32.)

PROGRAMME SPÉCIAL

des leçons de choses de la première section.

(Exemple de répartition mensuelle [1].)

OCTOBRE.

LEÇON DE CHOSES.	DESSIN.
(*Récits, causeries, questions, autant que possible avec les objets montrés aux enfants.*) *La vendange.* — Vigne, raisin, vin. — Cuve, tonneau, bouteille, verre, bouchons, litre. — Pommes. cidre. — Houblon, bière.	(Dessins au trait, faits au tableau noir par la maîtresse ; on ne fera reproduire par les élèves que ceux de ces dessins qui seraient assez simples et assez faciles pour trouver place dans le petit cours de dessin, tel que le règle le programme ci-dessus p. 30 : Grappe de raisin, feuille de vigne, pressoir, cuve, tonneau, bouteille, verre, entonnoir, litre.)

CHANTS ET JEUX

(*à faire exécuter aux enfants*).
L'automne. (Delbruck.)
Le tonnelier.

NOVEMBRE.

LEÇON DE CHOSES.	DESSIN.
Le labourage. — Charrue. — Semailles. *L'éclairage.* — Chandelle, bougie, lampes, gaz. — Phare.	Soc de charrue, herse. Chandelier, bougeoir, lampe, bec de gaz, phare.

CHANTS ET JEUX.

Le labour. — Les semailles (Mᵐᵉ Pape Carpantier.)

1. Ce programme est en majeure partie emprunté à un travail de M. l'inspecteur général Cadet publié dans le *Dictionnaire de pédagogie;* il a été adopté par le conseil supérieur de l'instruction publique, à titre d'indication utile aux maîtresses.

DÉCEMBRE.

LEÇON DE CHOSES.	DESSIN.
Le chauffage. — Froid, neige, glace, avalanches ; Suisse, Alpes ; patins, traîneaux. — Thermomètres. — Poêle, cheminées. — Bois, charbon, allumettes. — Engelures, rhume. — Le foyer, la famille.	Patin, traîneau, thermomètre, poêle, cheminée, soufflet, pelle, pincettes, pompe à incendie

CHANTS ET JEUX.

Le petit ramoneur. (Mᵐᵉ Pape-Carpantier.)
Le feu. (Delbruck.)

JANVIER.

LEÇON DE CHOSES.	DESSIN.
Nouvelle année. — Mouvement de la terre autour du soleil. Compliments, étrennes ; charité. Oranges, marrons. *L'habillement.* — Fourrures, couvertures, édredon, laine, coton, drap, flanelle, tissage, filage, teintures, aiguilles, épingles.	Sphère. — Oranges. — Marrons. — Tirelire. — Ciseaux. — Mètre à rubans.

CHANTS ET JEUX.

L'hiver. — Souhaits de bonne année. (Delbruck.)
Les petites tricoteuses. (Delcasso.)

FÉVRIER.

LEÇON DE CHOSES.	DESSIN.
Le corps humain. — Principaux organes des sens. *L'alimentation.* — Mets et boissons ; boulanger, boucher, fruitier ; épicier ; faim, appétit, indigestion.	Œil, oreille, nez, mains. Fourneau, casserole, poêle, chaudron, marmite, bouilloire, gril.

CHANTS ET JEUX.

La gymnastique. (Lainé.)
Le pain. (Delbruck.)

MARS.

LEÇON DE CHOSES.	DESSIN.
L'habitation. — Bois, pierre, fer, briques ; ardoise, plâtre, chaux ; tuile, chaume, zinc — Diverses industries du bâtiment. *Les abeilles.* — Ruche, cellules, cire, miel	Maison, fenêtre, porte ; table, lit, chaise, armoire, commode ; mur, rangées de pierres de taille, de briques ; plan d'une maison, charpente ; marteau, scie, tenailles, équerre, compas, fil à plomb, auge, truelle.

CHANTS ET JEUX.

Les petits ouvriers ; — La ronde des abeilles. (Mᵐᵉ Pape-Carpantier.)

AVRIL.

LEÇON DE CHOSES.	DESSIN.
La végétation. — Graines, racines, tige; fleurs, etc.	Fleurs, feuilles, haricots, pois, pommes de terre.
Les insectes. — Hannetons; chenilles; vers à soie.	
	CHANTS ET JEUX.
Les nids d'oiseaux. — Services que nous rendent les oiseaux. — Hirondelles.	Le printemps. (Delbruck.) Le ver à soie (Mme Pape-Carpantier.)

MAI.

LEÇON DE CHOSES.	DESSIN.
L'eau. — Ruisseau, rivière, fleuve, mer, marée, bains froids, natation.	Baignoire.
La pêche. — Poissons de mer et poissons d'eau douce.	Bateau, hameçon, filet, ligne, poisson.
Le blanchissage. — Savon, propreté.	Baquet, pompe, fontaine, puits, battoir.
	CHANTS ET JEUX.
	Vive l'eau. (Delbruck.) Les bourgeois de Provence.

JUIN.

LEÇON DE CHOSES.	DESSIN.
La ferme. — La fenaison. — Cheval, âne, chien de berger, loup, mouton, porc, dindon, poule, oie, canard, pigeon. — Laiterie, lait, beurre, fromage.	Terrine, baratte, boîte au lait, litre.
	CHANTS ET JEUX.
	Le petit berger. — La fenaison (Delcasso.)

JUILLET.

LEÇON DE CHOSES.	DESSIN.
L'orage. — Éclair, tonnerre, grêle, vent, paratonnerre, arc-en-ciel.	Maison, paratonnerre; arc-en-ciel; parapluie.
Les fruits. — Cerises, fraises, abricots, poires, pommes, prunes.	Bouquet de cerises, abricots, poires, pommes et prunes.
	CHANTS ET JEUX.
	L'été. — La marchande de fruits (Delbruck.)

AOUT.

LEÇON DE CHOSES.	DESSIN.
La moisson. — Blé, orge, avoine, farine, pain, pâte, four, boulanger, pâtissier.	Gerbe, épi de blé; faux, faucille; moulin à vent, paire de meules, balance, poids.
Les voyages. — Routes, chemins de fer, bateaux à vapeur; cartes, points cardinaux, boussole, aimant; Christophe Colomb; races d'hommes, la patrie, le monde.	Locomotive, rails, bateau à voile, à vapeur, rames, gouvernail, boussole.

CHANTS ET JEUX.

Le jeu du blé. (Mme Pape-Carpantier.)

La ronde du tour du monde.

SEPTEMBRE.

LEÇON DE CHOSES.	DESSIN.
La chasse. — Chevreuil, cerf, sanglier, loup, renard, lièvre, lapin, perdrix, alouette, caille; fusil, poudre.	Cor de chasse, carnassière, fusil.
La fête du village. — Foire, boutique, feu d'artifice. — Monnaie.	Monnaies.

CHANTS ET JEUX.

Le renard. (Delcasso).

III

Éducation morale. — Objet. — Méthode. — Programme.

1° OBJET DE L'ENSEIGNEMENT MORAL.

L'éducation morale se distingue profondément par son but et par ses caractères essentiels des deux autres parties du programme.

But et caractères essentiels de cet enseignement. — L'enseignement moral est destiné à compléter et à relier, à relever et à ennoblir tous les enseignements de l'école. Tandis que les autres études développent chacune un ordre spécial d'aptitudes et de connaissances utiles, celle-ci tend à développer dans l'homme l'homme lui-même, c'est-à-dire un cœur, une intelligence, une conscience.

Par là-même l'enseignement moral se meut dans une tout autre sphère que le reste de l'enseignement. La force de l'éducation morale dépend bien moins de la précision et de la liaison logique des vérités enseignées que de l'intensité du sentiment, de la vivacité des impressions et de la chaleur communicative de la conviction. Cette éducation n'a pas pour but de faire *savoir*, mais de faire *vouloir* ; elle émeut plus qu'elle ne démontre ; devant agir sur l'être sensible, elle procède plus du cœur qne du raisonnement ; elle n'entreprend pas d'analyser toutes les raisons de l'acte moral, elle cherche avant tout à le produire, à le répéter, à en faire une habitude qui gouverne la vie. A l'école primaire surtout, ce n'est pas une science, c'est un art, l'art d'incliner la volonté libre vers le bien.

Rôle de l'instituteur dans cet enseignement. — L'instituteur est chargé de cette partie de l'éducation, en même temps que des autres, comme représentant de la société : la société laïque et démocratique a en effet l'intérêt le plus direct à ce que tous ses membres soient initiés de bonne heure et par des leçons ineffaçables au sentiment de leur dignité et à un sentiment non moins profond de leur responsabilité personnelle.

Pour atteindre ce but, l'instituteur n'a pas à enseigner de toutes pièces une morale théorique suivie d'une morale pratique comme s'i s'adressait à des enfants dépourvus de toute notion préalable du bien et du mal : l'immense majorité lui arrive au contraire ayant déjà reçu ou recevant un enseignement religieux qui les familiarise avec l'idée d'un Dieu auteur de l'univers et père des hommes avec les traditions, les croyances, les pratiques d'un culte chrétien ou israélite ; au moyen de ce culte et sous les formes qui lui sont particulières, ils ont déjà reçu les notions fondamentales de la morale éternelle et universelle; mais ces notions sont encore chez eux à l'état de germe naissant et fragile, elles n'ont pas pénétré profondément en eux-mêmes; elles sont fugitives et confuses, plutôt entrevues que possédées, confiées à la mémoire bien plus qu'à la conscience à peine exercée encore. Elles attendent d'être mûries et développées par une culture convenable. C'est cette culture que l'instituteur public va leur donner.

Sa mission est donc bien délimitée; elle consiste à fortifier, à enraciner dans l'âme de ses élèves pour toute leur vie, en les faisant passer dans la pratique quotidienne, ces notions essentielles de moralité humaine, communes à toutes les doctrines et nécessaires à tous les hommes civilisés. Il peut remplir cette mission sans avoir à faire personnellement ni adhésion, ni opposition à aucune des diverses croyances confessionnelles auxquelles ses élèves associent et mêlent les principes généraux de la morale.

Il prend ces enfants tels qu'ils lui viennent, avec leurs idées et leur langage, avec les croyances qu'ils tiennent de la famille, et il n'a d'autre souci que de leur apprendre à en tirer ce qu'elles contiennent de plus précieux au point de vue social, c'est-à-dire les préceptes d'une haute moralité.

Objet propre et limites de cet enseignement. — L'enseignement moral laïque se distingue donc de l'enseignement religieux sans le contredire. L'instituteur ne se substitue ni au prêtre, ni au père de famille; il joint ses efforts aux leurs pour faire de chaque enfant un honnête homme. Il doit insister sur les devoirs qui rapprochent les hommes et non sur les dogmes qui les divisent. Toute discussion théologique et philosophique lui est manifestement interdite par le caractère même de ses fonctions, par l'âge de ses élèves, par la confiance des familles et de l'État; il concentre tous ses efforts sur un problème d'une autre nature, mais non moins ardu, par cela même qu'il est exclusivement pratique : c'est de faire faire à tous ces enfants l'apprentissage effectif de la vie morale.

Plus tard, devenus citoyens, ils seront peut-être séparés par des opinions dogmatiques, mais du moins ils seront d'accord dans la pratique pour placer le but de la vie aussi haut que possible, pour avoir la même horreur de tout ce qui est bas et vil, la même admiration de ce qui est noble et généreux, la même délicatesse dans l'appréciation du devoir, pour aspirer au perfectionnement moral, quelques efforts qu'il coûte, pour se sentir unis, dans ce culte général du bien, du beau et du vrai, qui est aussi une forme, et non la moins pure, du sentiment religieux.

2° MÉTHODE.

Caractères de la méthode en ce qui concerne l'élève. — Pour que la culture morale, entendue comme il est dit plus haut, soit possible et soit efficace dans l'enseignement primaire, une condition est indispensable : c'est que cet enseignement atteigne au vif de l'âme ; qu'il ne se confonde ni par le ton, ni par le caractère, ni par la forme, avec une leçon proprement dite. Il ne suffit pas de donner à l'élève des notions correctes et de le munir de sages maximes, il faut arriver à faire éclore en lui des sentiments assez vrais et assez forts pour l'aider un jour, dans la lutte de la vie, à triompher des passions et des vices. On demande à l'instituteur non pas d'orner la mémoire de l'enfant, mais de toucher son cœur, de lui faire ressentir, par une expérience directe, la majesté de la loi morale ; c'est assez dire que les moyens a employer ne peuvent être semblables à ceux des cours de science ou de grammaire. Ils doivent être non seulement plus souples et plus variés, mais plus intimes, plus émouvants, plus pratiques, d'un caractère tout ensemble moins didactique et plus grave.

L'instituteur ne saurait trop se représenter qu'il s'agit pour lui de former chez l'enfant le sens moral, de l'aiguiser, de le redresser parfois, de l'affermir toujours; et, pour y parvenir, le plus sûr moyen dont dispose un maître qui n'a que si peu de temps pour une œuvre si longue, c'est d'exercer beaucoup, et avec un soin extrême, ce délicat instrument de la conscience. Qu'il se borne aux points essentiels, qu'il reste élémentaire, mais clair, mais simple, mais impératif et persuasif tout ensemble. Il doit laisser de côté les développements qui trouveraient leur place dans un enseignement plus élevé; pour lui la tâche se borne à accumuler, dans l'esprit et dans le cœur de l'enfant qu'il entreprend de former à la vie morale, assez de beaux exemples, assez de bonnes impressions, assez de saines idées, d'habitudes salutaires et de nobles aspirations pour que cet enfant em-

porte de l'école, avec son petit patrimoine de connaissances élémentaires, un trésor plus précieux encore : une conscience droite.

Caractères de la méthode en ce qui concerne le maître. —
Deux choses sont expressément recommandées au maître. D'une
part, pour que l'élève se pénètre de ce respect de la loi morale
qui est à lui seul toute une éducation, il faut premièrement que par
son caractère, par sa conduite, par son langage, il soit lui-même
le plus persuasif des exemples. Dans cet ordre d'enseignement, ce
qui ne vient pas du cœur ne va pas au cœur. Un maître qui récite
des préceptes, qui parle du devoir sans conviction, sans chaleur,
fait bien pis que perdre sa peine, il est en faute : un cours de
morale régulier, mais froid, banal et sec, n'enseigne pas la morale, parce qu'il ne la fait pas aimer. Le plus simple récit où
l'enfant pourra surprendre un accent de gravité, un seul mot
sincère vaut mieux qu'une longue suite de leçons machinales.

3° PROGRAMME.

	CLASSE ENFANTINE DE 5 A 7 ANS.	COURS ÉLÉMENTAIRE DE 7 A 9 ANS.
1° Morale.	Causeries très simples, mélées à tous les exercices de la classe et de la récréation. Petites poésies expliquées et apprises par cœur. — Historiettes morales racontées et suivies de questions propres à en faire ressortir le sens et à vérifier si les enfants l'ont compris. — Petits chants. Soins particuliers de la maîtresse à l'égard des enfants chez lesquels elle a observé quelque défaut ou quelque vice naissant.	Entretiens familiers. Lectures avec explications (récits, exemples, préceptes, paraboles et fables). Enseignement par le cœur. Exercices pratiques tendant à mettre la morale en action dans la classe même : 1° Par l'observation individuelle des caractères (tenir compte des prédispositions des enfants pour corriger leurs défauts avec douceur ou développer leurs qualités); 2° Par l'application intelligente de la discipline scolaire comme moyen d'éducation (distinguer soigneusement le manquement au devoir de la simple infraction au règlement, faire saisir le rapport de la

D'autre part, — il est à peine besoin de formuler cette prescription, — le maître devra éviter comme une mauvaise action tout ce qui, dans son langage ou dans son attitude, blesserait les croyances religieuses des enfants confiés à ses soins, tout ce qui porterait le trouble dans leur esprit, tout ce qui trahirait de sa part envers une opinion quelconque un manque de respect ou de réserve.

La seule obligation à laquelle il soit tenu, — et elle est compatible avec le respect de toutes les croyances, — c'est de surveiller d'une façon pratique et paternelle le développement moral de ses élèves avec la même sollicitude qu'il met à suivre leurs progrès scolaires; il ne doit pas se croire quitte envers aucun d'eux s'il n'a fait autant pour l'éducation du caractère que pour celle de l'intelligence. A ce prix seulement l'instituteur aura mérité le titre d'*éducateur*, et l'instruction primaire le nom d'*éducation libérale*.

3e PROGRAMME.

COURS MOYEN	COURS SUPÉRIEUR
DE 9 A 11 ANS.	DE 11 A 13 ANS.
Entretiens, lectures avec explications, exercices pratiques. — Même mode et mêmes moyens d'enseignement que précédemment, avec un peu plus de méthode et de précision. — Coordonner les leçons et les lectures de manière à n'omettre aucun point important du programme ci-dessous :	Entretiens, lectures, exercices pratiques, comme dans les deux cours précédents. Celui-ci comprend de plus, en une série régulière de leçons dont le nombre et l'ordre pourront varier, un enseignement élémentaire de la morale en général et plus particulièrement de la *morale sociale*, d'après le programme ci-après:
I.	1° *La famille.* Devoirs des parents et des enfants; devoirs réciproques des maîtres et des serviteurs; l'esprit de famille.
L'enfant dans la famille. Devoirs envers les parents et les grands parents. — Obéissance, respect, amour, reconnaissance. — Aider les parents dans leurs travaux ; les soulager dans leurs maladies; venir à leur aide dans leurs vieux jours. *Devoirs des frères et sœurs.* — S'aimer les uns les autres; protection des plus âgés à l'égard des plus jeunes; action de l'exemple. *Devoirs envers les serviteurs.* —	2° *La société.* Nécessité et bienfaits de la société. La justice, condition de toute société. La solidarité, la fraternité humaine. Applications et développements de l'idée de justice; respect de la vie et de la liberté humaine, respect de la propriété, respect de la parole donnée, res

	CLASSE ENFANTINE DE 5 A 7 ANS.	COURS ELÉMENTAIRE DE 7 A 9 ANS.
1° Morale. (Suite.)	. . . .	faute à la punition, donner l'exemple dans le gouvernement de la classe d'un scrupuleux esprit d'équité, inspirer l'horreur de la délation, de la dissimulation, de l'hypocrisie, mettre au-dessus de tout la franchise et la droiture et pour cela ne jamais décourager le franc-parler des enfants, leurs reclamations, leurs demandes, etc.); 3° Par l'appel incessant au sentiment et au jugement moral de l'enfant lui-même (faire souvent les élèves juges de leur propre conduite, leur faire estimer surtout, chez eux et chez les autres, l'effort moral et intellectuel, savoir les laisser dire et les laisser faire, sauf à les amener ensuite à découvrir par eux-mêmes leurs erreurs ou leurs torts); 4° Par le redressement des notions grossières (préjugés et superstitions populaires, croyances aux sorciers, aux revenants, à l'influence de certains nombres, terreurs folles, etc.); 5° Par l'enseignement à tirer des faits observés par les enfants eux-mêmes : à l'occasion, leur faire sentir les tristes suites des vices dont ils ont parfois l'exemple sous les yeux : de l'ivrognerie, de la paresse, du désordre, de la cruauté,

COURS MOYEN	COURS SUPÉRIEUR
DE 9 A 11 ANS	DE 11 A 13 ANS.

Les traiter avec politesse, avec bonté.

L'enfant dans l'école. — Assiduité, docilité, travail, convenance. — Devoirs envers l'instituteur. — Devoirs envers les camarades.

La patrie. — La France, ses grandeurs et ses malheurs. — Devoirs envers la patrie et la société.

II.

Devoirs envers soi-même. — Le *corps* : propreté, sobriété et tempérance ; dangers de l'ivresse ; gymnastique.

Les biens extérieurs. — Économie ; éviter les dettes ; funestes effets de la passion du jeu ; ne pas trop aimer l'argent et le gain ; prodigalité, avarice. Le travail (ne pas perdre de temps, obligation du travail pour tous les hommes, noblesse du travail manuel).

L'âme. — Véracité et sincérité ; ne jamais mentir. — Dignité personnelle, respect de soi-même. — Modestie : ne point s'aveugler sur ses défauts. — Éviter l'orgueil, la vanité, la coquetterie, la frivolité. — Avoir honte de l'ignorance et de la paresse. — Courage dans le péril et dans le malheur ; patience, esprit d'initiative. — Dangers de la colère.

Traiter les animaux avec douceur ; ne point les faire souffrir inutilement. — Loi Grammont, sociétés protectrices des animaux.

Devoirs envers les autres hommes. — Justice et charité (ne faites pas à autrui ce que vous ne voudriez pas qu'on vous fît ; faites aux autres ce que

pect de l'honneur et de la réputation d'autrui. La probité, l'équité, la loyauté, la délicatesse. Respect des opinions et des croyances.

Applications et développements de l'idée de *charité* ou de *fraternité*. Ses divers degrés, devoirs de bienveillance, de reconnaissance, de tolérance, de clémence, etc. Le dévouement, forme suprême de la charité : montrer qu'il peut trouver place dans la vie de tous les jours.

3° *La patrie.* Ce que l'homme doit à la patrie (l'obéissance aux lois, le service militaire, discipline, dévouement, fidélité au drapeau). — L'impôt (condamnation de toute fraude envers l'Etat). — Le vote (il est moralement obligatoire, il doit être libre, consciencieux, désintéressé, éclairé. — Droits qui correspondent à ces devoirs : liberté individuelle, liberté de conscience, liberté du travail, liberté d'association. Garantie de la sécurité de la vie et des biens de tous. La souveraineté nationale. Explication de la devise républicaine : Liberté, Égalité, Fraternité.

Dans chacun de ces chapitres du cours de morale sociale, on fera remarquer à l'élève, sans entrer dans des discussions métaphysiques :

1° La différence entre le devoir et l'intérêt, même lorsqu'ils semblent se confondre, c'est-à-dire le caractère impératif et désintéressé du devoir ;

2° La distinction entre la loi

	CLASSE ENFANTINE DE 5 à 7 ANS.	COURS ÉLÉMENTAIRE DE 7 A 9 ANS.
1° Morale. (Suite.)	....	desappétits brutaux, etc., en leur inspirant autant de compassion pour les victimes du mal que d'horreur pour le mal lui-même; — procéder de même par voie d exemples concrets et d'appels à l'expérience immédiate des enfants pour les initier aux émotions morales : les élever, par exemple, au sentiment d'admiration pour l'ordre universel et au sentiment religieux en leur faisant contempler quelques grandes scènes de la nature; au sentiment de la charité, en leur signalant une misère à soulager, en leur donnant l'occasion d'un acte effectif de charité à accomplir avec discrétion; aux sentiments de la reconnaissance et de la sympathie par le récit d'un trait de courage, par la visite à un établissement de bienfaisance, etc.).

COURS MOYEN	COURS SUPÉRIEUR
DE 9 A 11 ANS.	DE 11 A 13 ANS.

vous voudriez qu'ils vous fissent). — Ne porter atteinte ni à la vie, ni à la personne, ni aux biens, ni à la réputation d'autrui. — Bonté, fraternité. — Tolérance, respect de la croyance d'autrui.

N. B. Dans tout ce cours, l'instituteur prend pour point de départ l'existence de la conscience, de la loi morale et de l'obligation. Il fait appel au sentiment et à l'idée du devoir, au sentiment et à l'idée de la responsabilité, il n'entreprend point de les démontrer par exposé théorique.

Devoirs envers Dieu. L'instituteur n'est pas chargé de faire un cours *ex professo* sur la nature et les attributs de Dieu; l'enseignement qu'il doit donner à tous indistinctement se borne à deux points :

D'abord, il leur apprend à ne pas prononcer légèrement le nom de Dieu ; il associe étroitement dans leur esprit à l'idée de la cause première et de l'être parfait un sentiment de respect et de vénération : et il habitue chacun d'eux à environner du même respect cette notion de Dieu, alors même qu'elle se présenterait à lui sous des formes différentes de celles de sa propre religion.

Ensuite, et sans s'occuper des prescriptions spéciales aux diverses communions, l'instituteur s'attache à faire comprendre et sentir à l'enfant que le premier hommage qu'il doit à la divinité, c'est l'obéissance aux lois de Dieu telles que les lui révèlent sa conscience et sa raison.

écrite et la loi morale : l'une fixe un minimum de prescriptions que la société impose à tous ses membres sous des peines déterminées, l'autre impose à chacun dans le secret de sa conscience un devoir que nul ne le contraint à remplir, mais auquel il ne peut faillir sans se sentir coupable envers lui-même et envers Dieu.

Tels sont les nouveaux programmes dans leurs généralités et dans leur ensemble. Mais il est évident qu'il a été dans l'esprit de leurs auteurs qu'ils fussent précisés davantage, c'est-à-dire plus détaillés pour les matières qui le comportent et l'exigent — en fait de programmes, détailler, c'est préciser — et échelonnés sur les quatre trimestres et même sur les dix mois qui composent l'année scolaire. Cela est si vrai que, pour le programme spécial des leçons de choses, l'arrêté organique contient « un exemple de répartition mensuelle », emprunté à un travail de M. l'inspecteur général Cadet. Outre qu'elles permettent de mieux définir les matières d'enseignement, qu'elles en font mieux connaître l'étendue et les limites, qu'elles font disparaître ce qu'un programme général contient nécessairement de vague, d'indéterminé, les coupures mensuelles règlent la marche des maîtres, guident l'examinateur et facilitent le contrôle, d'où qu'il vienne.

C'est par là que se distinguaient les anciens programmes du département de la Seine. Aussi, dans le travail qui va suivre, prendrons-nous ces programmes pour modèles. Bien plus, nous n'hésiterons pas à les reproduire toutes les fois qu'ils pourront s'adapter à la législation et à l'organisation nouvelles. Nous leur emprunterons aussi les directions qui servent de prologue à chacun d'eux. Ces directions, dues aux hommes les plus compétents, autorisées du nom éminent de M. Gréard, fondées d'ailleurs sur l'observation, sur l'expérience, sur les principes de la plus saine pédagogie, sont toujours vraies, toujours bonnes, toujours de mise ; car, si les matières d'enseignement ont varié, se sont étendues, les méthodes et les procédés les plus propres à conduire au résultat cherché sont éternellement les mêmes. Du reste, en rapprochant ces doctrines de celles qui ont été si heureusement introduites dans l'arrêté du 27 juillet et maintenues non moins heureusement dans l'arrêté du 18 janvier, on remarquera facilement qu'elles font corps avec elles, et que les unes et les autres, loin de se contrarier, se confirment et se complètent.

PROGRAMMES DÉTAILLÉS ET DIVISIONS MENSUELLES.

Nous laissons tels quels les programmes officiels se rapportant particulièrement à l'éducation physique et comprenant :

1° Les soins d'hygiène et de propreté ;

2° La gymnastique ;

3° Les exercices militaires ;

4° Les travaux manuels (pour les garçons) ;

5° Les travaux manuels (pour les filles).

Les soins d'hygiène et de propreté sont de tous les cours et de tous les instants.

La gymnastique, les exercices militaires et les travaux manuels sont le plus souvent confiés à des maîtres du dehors ou à des maîtresses spéciales. Dans tous les cas, ces enseignements ne paraissent pas pouvoir être assujettis à une marche rigoureuse. Outre qu'ils nécessitent des retours fréquents, les maîtres ou maîtresses qui en sont chargés ont besoin d'une grande liberté de mouvements et d'allures, obligés qu'ils sont de subordonner leur marche aux milieux et aux circonstances. Il suffira à ceux-ci, croyons-nous, de consulter fréquemment le programme général qui les concerne pour s'en inspirer et s'en rapprocher le plus possible, en s'efforçant de l'épuiser au cours de la carrière scolaire.

Nous agissons de même à l'égard de la partie des programmes se rapportant à la *classe enfantine*. Cette partie s'adresse surtout aux directrices d'écoles enfantines spéciales ou d'écoles maternelles (division supérieure). Elle n'a été sans doute introduite dans le cadre général que pour mieux marquer les rapports qui peuvent exister entre les enseignements à donner dans les écoles ou divisions préparatoires, et dans l'école proprement dite. C'est de cette dernière, et de cette dernière seulement, que nous entendons nous occuper pour le moment. Celle-ci, comme le prescrit d'ailleurs l'arrêté organique, comprend nécessairement trois cours: le cours élémentaire, le cours moyen et le cours supérieur. Dans le cours élémentaire se trouvent naturellement rangés les enfants qui, d'ordinaire âgés de moins de 8 ou 9 ans, sont, en quelque sorte et quand même, encore à initier aux choses de l'instruction primaire; qui ne savent que peu ou point lire, que peu ou point écrire, que peu ou point compter, qui ne sont que fort peu susceptibles d'être livrés à un travail personnel et d'y demeurer appliqués pendant plus de 15 ou 20 minutes de suite. Dans les écoles à plusieurs maîtres, ces enfants pourront être utilement groupés par nuances et former plusieurs classes, par exemple une classe d'initiation, une sorte de classe enfantine, où le programme sera aussi réduit que possible, et une ou plusieurs classes élémentaires à proprement parler, où le programme recevra, à des degrés divers, tout son développement. Mais, dans les écoles à un seul maître, ils ne formeront qu'une seule division, partagée au besoin en sections pour la lecture et le calcul, mais recevant, pour le surplus, les mêmes enseignements. Tel est le point de vue auquel, avec les auteurs des anciens programmes de la Seine, nous avons cru devoir nous placer en ce qui concerne le cours élémentaire; nous ne donnons pour ce cours qu'un seul programme, où nous confondons, quand nous le jugeons utile, les données contenues dans les deux premières colonnes du cadre officiel (classe enfantine, enfants de 5 à 7 ans, et cours élémentaire, enfants de 7 à 9 ans).

COURS ÉLÉMENTAIRE.

MORALE.

CONSEILS ET DIRECTIONS (Voy. le programme officiel, p. 44.)

LECTURE.

PREMIERS EXERCICES DE LECTURE. — LECTURE COURANTE AVEC EXPLICATION DES MOTS.

L'enseignement doit être collectif et dirigé par le maître.

La leçon de lecture consiste, pour les commençants, dans l'étude des sons et des articulations et dans celle de leurs principales combinaisons. Elle se fait à l'aide d'un grand tableau comprenant les principaux éléments de la lecture, et aussi au moyen de ces mêmes éléments tracés par le maître sur le tableau noir.

Les élèves se serviront utilement de l'ardoise pour reproduire les éléments de la lecture: ils pourront ainsi mener de front l'étude de la lecture et de l'écriture en s'initiant à l'orthographe d'usage.

Aussitôt que les élèves sont suffisamment préparés, ils sont mis à la lecture courante, et entremêlés à ceux de leurs camarades qui peuvent contribuer à les diriger.

Pour les élèves plus avancés, la lecture dans un livre est d'abord collective, lente et syllabée. Les mêmes passages sont relus une seconde fois couramment par tous les élèves ensemble, et ensuite individuellement.

Toute phrase d'exercice est lue préalablement par le maître, qui appelle l'attention des élèves sur les repos, sur les intonations, et avant tout sur le sens de la phrase et la signification des mots.

C'est dans la leçon de lecture, et à propos des mots lus et expliqués, que le maître trouvera surtout l'occasion de donner quelques notions intéressantes et utiles sur les objets usuels et surtout quelques conseils moraux.

ÉCRITURE.

PREMIERS ÉLÉMENTS. — ÉCRITURE EN GROS, EN MOYEN ET EN FIN.

Le maître rappelle au commencement de chaque classe les préceptes relatifs à la tenue du corps, du cahier et de la plume.

L'objet de la leçon est toujours exposé au tableau noir.

Le maître passe ensuite dans les tables et procède à la correction individuelle des cahiers. Les défauts qui se produisent chez plusieurs élèves font l'objet d'une observation générale accompagnée d'une démonstration au tableau noir.

L'usage des cahiers préparés est autorisé ; mais l'emploi de ces cahiers ne dispense jamais le maître d'exposer la leçon et d'indiquer les corrections au tableau noir.

—Il veille à ce que les préceptes relatifs à la tenue du corps, du cahier et de la plume soient toujours observés quand l'élève écrit, que ce soit un exercice spécial d'écriture ou une rédaction de devoir.

LANGUE FRANÇAISE.

CONSEILS ET DIRECTIONS (Voy. le progr. officiel, p. 22)

Enseignement grammatical proprement dit.

Toute leçon est expliquée par le maître avant d'être donnée à étudier aux élèves.

L'exposition de la leçon est faite au tableau noir sur des exemples choisis par le maître. Les définitions et les règles sont tirées de l'explication de ces exemples.

Les exercices d'application comprennent d'abord des mots représentant des êtres ou des choses que l'enfant connaît, ensuite de petites phrases sur des notions usuelles. Ces mots et ces phrases sont écrits par tous les élèves sur leurs cahiers, tandis que l'un d'eux ou que le maître lui-même les écrit au tableau noir.

Pour les exercices de conjugaison, le verbe doit toujours faire partie d'une phrase simple et courte.

Le maître profite des exercices d'application pour corriger les expressions et les tournures incorrectes employées par les enfants dans leurs conversations journalières.

OCTOBRE.

Lettres, voyelles et consonnes ; les trois sortes d'e.
Syllabes et mots.

NOVEMBRE.

Nom. — Exemples; définition. — Nom propre et nom commun

DÉCEMBRE.

Nom masculin, féminin ; singulier, pluriel.
Exercices d'application.

JANVIER.

Règle générale de la formation du pluriel dans les noms.
Exercices d'application.

FÉVRIER.

Adjectif. — Exemples; définitions.
Formation du féminin; règle générale.
Formation du pluriel; règle générale.
Exercices d'application.

MARS.

Accord de l'adjectif avec le nom. — Exercices d'application et d'invention.

AVRIL.

Verbe. — Exemples; définition.
Exercices d'application et d'invention sur le nom et l'adjectif.

MAI.

Conjugaison des verbes auxiliaires.
Exercices d'application et d'invention sur le nom, l'adjectif et le verbe. — Propositions simples.

JUIN.

Exercices d'application et d'invention sur le nom, l'adjectif et le verbe. — Exercices de conjugaison (verbes réguliers),

JUILLET-AOUT.

Exercices d'application et d'invention sur le nom, l'adjectif et le verbe.
Exercices de conjugaison (verbes irréguliers les plus usités).

HISTOIRE.

PRINCIPES ET PROCÉDÉS GÉNÉRAUX. (Voy. le progr. officiel, p. 26.)

Sujets et divisions de l'enseignement historique.
Les leçons consistent en récits et entretiens sur les principaux personnages.
Le maître, après avoir rappelé sommairement le sujet de la leçon précédente, fait connaître le sujet de la leçon nouvelle. Puis il commence cette leçon en y faisant concourir les élèves eux-mêmes par des questions bien amenées qui provoquent et soutiennent leur attention, éveillent leur curiosité, exercent leur jugement, développent chez eux à la fois le sens moral et les sentiments patriotiques. Chaque leçon est ensuite résumée en quelques mots clairs et faciles à retenir que les élèves les plus avancés pourront retrouver et apprendre par cœur dans un ouvrage approprié à leur âge.
Toutes les fois qu'il se rencontre dans la leçon d'histoire un

nom de lieu géographique, le maître le fait trouver ou le montre immédiatement sur la carte.

Pendant la première année ou dans la division qui répond à la classe enfantine, il puisera ses sujets dans l'histoire de France tout entière. Dans la seconde année ou pour la division vraiment élementaire que doit aborder prochainement le cours moyen, il insistera particulièrement sur « les plus grands personnages et les faits principaux de l'histoire nationale jusqu'au commencement de la guerre de Cent ans. »

—Le programme officiel indique cette marche en vue d'alléger le cours moyen et de mettre les maîtres de ce cours à même de consacrer plus de temps à l'histoire moderne et à l'époque contemporaine. C'est assez dire que, pour les élèves les plus avancés du cours élémentaire dont nous venons de parler, il sera nécessaire de détailler un peu plus toute la première partie de l'histoire de France, d'y suivre un ordre plus rigoureux, d'y faire saisir déjà la suite et l'enchaînement des faits, afin de donner une base suffisante à l'enseignement de l'année suivante, et de n'avoir à revenir que tout au plus par voie de résumé sur les douze premiers siècles. De là les deux programmes mensuels ci-après. L'un pourra être suivi dans les divisions inférieures du cours élémentaire ; l'autre sera réservé à la division supérieure du même cours

<h3 style="text-align:center">Classes enfantines ou divisions inférieures
du cours élémentaire.</h3>

OCTOBRE.

La Gaule et les Gaulois. — Aspect du pays ; mœurs et coutumes. — Les druides ; la récolte du gui ; les sacrifices. — Les bateliers de Paris. — Vercingétorix et César.

La religion chrétienne en Gaule. — Blandine à Lyon ; saint Denis à Montmartre.

NOVEMBRE.

Attila et sainte Geneviève. — Clovis et Clotilde. — Charles-Martel à Poitiers. — Charlemagne sacré empereur d'Occident.

DÉCEMBRE.

La société féodale. — Aspect des campagnes : le château du seigneur et la cabane du serf. — Intérieur des villes : le beffroi, le couvre-feu, etc. — Les pirates normands : Siège de Paris. — La chevalerie : Trêve de Dieu. — Louis le Gros et Suger, abbé de Saint-Denis. — Les communes. — Philippe-Auguste à Bouvines. — Saint Louis sous le chêne de Vincennes.

JANVIER.

Revision des matières étudiées dans le trimestre précédent.

Les croisades. — Pierre l'Ermite. — Godefroy de Bouillon en Palestine. — Saint Louis en Égypte et à Tunis.

FEVRIER.

Les Anglais en France. — Duguesclin. — Jeanne d'Arc à Domrémy, à Orléans, à Compiègne ; son supplice à Rouen.

Les grandes inventions et les grandes découvertes. — Les monastères et les manuscrits ; invention de l'imprimerie par Gutenberg ; les livres. — Expéditions maritimes ; la boussole ; Christophe Colomb.

MARS.

Les Français en Italie. — François 1ᵉʳ, vainqueur à Marignan, vaincu à Pavie, prisonnier à Madrid. — Le connétable de Bourbon et le chevalier Bayard.

AVRIL.

Revision des matières étudiées dans le trimestre précédent.

Henri IV. — Son éducation en Béarn. — Son entrée à Paris.— Son ministre Sully. — Sa mort.

MAI.

Les institutions populaires. — Charlemagne : les écoles.— Les trois cents pauvres de Robert le Pieux. — Philippe-Auguste l'Hôtel-Dieu. — Saint Louis : les Quinze-Vingts. — Louis XII le Père du peuple. — Henri IV et la poule au pot — Saint Vincent de Paul : les Filles de la Charité.

JUIN.

Le siècle de Louis XIV. — Louis XIV enfant et Anne d'Autriche pendant la Fronde. — Louis XIV roi ; ses grands ministres : Colbert, Louvois. — Ses généraux : Condé, Turenne, Luxembourg, Duquesne, Vauban. — Protection donnée aux lettres et aux arts : Boileau et la pension du vieux Corneille ; Molière à la table de Louis XIV ; Bossuet et Fénelon, précepteurs du Dauphin. — La colonnade du Louvre, les Invalides, Versailles. — Misères des dernières années du règne ; l'hiver de 1709.

JUILLET-AOUT.

La Révolution de 1789. — Les enrôlements volontaires pour la défense de la patrie. — Valmy, Jemmapes et Fleurus ; le *Vengeur*.

Revision générale. — Les gloires et les désastres du premier Empire. — Prise d'Alger. — Chute du deuxième Empire.

Division supérieure du cours élémentaire.

OCTOBRE.

La Gaule indépendante. — Les anciens Gaulois ; leurs mœurs et leur religion. Prise de Rome (390). — Conquête de la Gaule par César (58-50). — Le christianisme en Gaule.

NOVEMBRE.

Les invasions; les Mérovingiens. —Clovis et ses fils (481-561). — Frédégonde et Brunehaut; Neustrie et Australie (561-613). — Dagobert (628-638). Les maires du palais et les rois fainéants. — Bataille de Testry (687).

DÉCEMBRE.

L'empire carlovingien. — Charles-Martel à Poitiers (732). — Pépin le Bref sacré roi (752). — Charlemagne (768-814), ses conquêtes, son gouvernement, ses capitulaires. — Charlemagne sacré empereur d'Occident (800). — Louis le Débonnaire et ses fils. — Traité de Verdun (843).

JANVIER.

Revision des matières étudiées dans le trimestre précédent.

La France féodale. — Charles le Chauve (840-877). — Le capitulaire de Kiersy-sur-Oise (877). — Les Normands. — Eudes et le siège de Paris (885). — Lutte des derniers Carlovingiens et des ducs de France. — Les grands fiefs, la société féodale.

FÉVRIER.

La formation du pouvoir royal. — Les Capétiens. — Les premiers Capétiens. — L'an 1000. — Les famines; la chevalerie; la Trêve de Dieu. — Guillaume le Conquérant et Philippe 1er (1060-1108).

MARS.

La première croisade : Pierre l'Ermite et Godefroy de Bouillon (1095). — Louis le Gros et Suger : les Communes. — Louis VII; la deuxième croisade ; Éléonore d'Aquitaine (1137-1180).

AVRIL.

Revision des matières étudiées dans le trimestre précédent.

Philippe-Auguste (1180-1223). — Philippppe-Auguste et Richard Cœur de Lion; troisième et quatrième croisades.— Bataille de Bouvines (1214). — Agrandissement de Paris; administration de Philippe-Auguste.

MAI.

Louis VIII le Lion (1223-1226). — Saint Louis (1226-1270). —

Blanche de Castille. — Bataille de Taillebourg (1242). — Les deux dernières croisades. — Institutions de saint Louis.

JUIN.

Philippe le Hardi (1270-1284). — Philippe le Bel (1284-1314). — Les premiers états généraux. — Abolition des Templiers. — Les trois fils de Philippe le Bel (1314-1328). — La loi salique.

JUILLET-AOUT.

Philippe de Valois (1328) — Causes et commencement de la guerre de Cent ans.
Revision génétale.

GÉOGRAPHIE.

DIRECTIONS GÉNÉRALFS (Voy. le progr. officiel, p. 26).

Enseignement géographique proprement dit.

Le maître s'attache d'abord à faire comprendre aux enfants, — par l'observation attentive des accidents géographiques, qu'ils ont sous les yeux, autour de l'école, dans la commune, dans le canton, dans le département, — la signification exacte des différents termes de la nomenclature géographique.

Ce n'est qu'après ces démonstrations préliminaires très simples qu'il passe à la démonstration, très simple aussi, des points géographiques essentiels de la mappemonde, de l'Europe et de la France.

— OCTOBRE.

Préparation à l'étude de la géographie. — Tracer sur le tableau noir le plan de l'école, puis celui du quartier on de la commune, et y faire voyager les élèves à l'aide de la baguette. — Montrer sur la carte du département et de la France les signes conventionnels à l'aide desquels on représente les villes, les cours d'eau, les montagnes, etc.

NOVEMBRE.

Nomenclature géographique. —Montrer, sur la carte du département et sur celle de la France, les principaux accidents répondant aux termes de la nomenclature geographique : montagne, chaîne de montagnes, plateau, vallée, lac, fleuve, rivière, cap, île, presqu'île, mer, golfe, détroit, etc.

DÉCEMBRE.

Continuation de la nomenclature géographique. — Lecture des cartes.

JANVIER.

Revision des matières du trimestre précédent.

FÉVRIER.

La terre. — Démonstration familière de la forme de la terre. — Les terres et les eaux. — Les cinq parties du monde. — Les grands océans

MARS.

Les plus grandes chaînes de montagnes et les plus grands fleuves de la terre. — Les grandes races humaines.

AVRIL.

Revision des matières du trimestre précédent.

MAI.

La France. — Bornes, principales chaînes de montagnes. — Grands fleuves. — Grandes villes ; Paris, capitale de la France.

JUIN.

Le département. — Les reliefs du sol (montagnes, collines, plateaux) ; les cours d'eau. — Le chef-lieu du département ; les chefs-lieux d'arrondissement ; les principaux chefs-lieux de canton. — Les principales productions et industries.

JUILLET-AOUT.

Revision générale.

INSTRUCTION CIVIQUE.

Explications très familières, à propos de la lecture, des mots pouvant éveiller une idée nationale telle que : citoyen, so'dat, armée, patrie ; — commune, canton, département, nation ; — loi, justice, force publique, etc. — Id., à propos de l'enseignement historique et géographique.

CALCUL ET SYSTÈME MÉTRIQUE

DIRECTIONS GÉNÉRALES (Voy. le progr. officiel, p. 28.)

La numération et les premières opérations de l'arithmétique sont enseignées à l'aide du boulier-compteur ou au moyen d'objets usuels ; les additions, soustractions, multiplications et divisions se font toujours sur des nombres concrets.

Chaque leçon est précédée ou suivie d'exercices de calcul mental.

Pour l'exposition du système métrique, le maître montre les mesures ou les poids ; il en indique l'usage et habitue les enfants à s'en servir.

Les problèmes ou exercices d'application doivent avoir pour objet des questions très simples, se rapportant à la comptabilité d'un ménage, aux professions et aux industries locales, aux travaux agricoles, etc.

Calcul.

OCTOBRE.

Numération parlée. — Énumération des nombres jusqu'à cent.

NOVEMBRE.

Énumération des nombres supérieurs à cent.
Unités des différents ordres.

DÉCEMBRE.

Numération écrite. — Tracé des chiffres. — Écriture et lecture des nombres de deux et de trois chiffres (insister sur ces nombres avant de passer aux nombres de plus de trois chiffres).
Exercices de calcul mental.

JANVIER.

Emploi du zéro. — Indication de la convention fondamentale de la numération écrite. — Lecture et écriture des nombres supérieurs à 999. — Décomposition en unités simples, en mille, etc., d'un nombre écrit en chiffres. — Un nombre étant écrit en chiffres, trouver combien il renferme en tout de dizaines, de centaines, de mille, etc.
Exercices de calcul mental.

FÉVRIER.

Addition. — Indication, par des exemples familiers, du but et des usages de cette opération. — Exercices de calcul mental. — Exercices écrits. — Règle pratique. — Preuve.
Problèmes sur l'addition.

MARS.

Soustraction. — Indication, par des exemples familiers, du but et des usages de cette opération. — Exercices oraux. — Exercices écrits. — Règle pratique par la méthode de compensation. — Preuve.
Problèmes sur la soustraction.

AVRIL.

Revision des matières étudiées précédemment. — Problèmes sur l'addition et la soustraction.

MAI.

Multiplication. — Indication, par des exemples familiers, du but et des usages de cette opération. — Table de multiplication. — Exercices de calcul mental. — Exercices écrits. — Multiplication d'un nombre de plusieurs chiffres par un nombre d'un seul.

JUIN.

Multiplication de deux nombres quelconques (exemples très simples). — Règle pratique. — Preuve. — Exercices.

Problèmes sur les trois premières opérations combinées.

JUILLET-AOUT.

Division. — Indication, par des exemples, du but et des usages de cette opération. — Division d'un nombre d'un ou de deux chiffres par un nombre d'un seul. — Reste de la division. — Exercices. — Division d'un nombre de plusieurs chiffres par un nombre d'un seul chiffre. — Exercices écrits. — Règle pratique. — Preuve.

Problèmes sur les quatre opérations combinées.

Système métrique.

Le système métrique n'est étudié qu'à partir du mois de janvier.

JANVIER.

Mesures de longueur. — Montrer aux élèves le mètre. — Division du mètre. — Faire mesurer des longueurs avec le mètre. —

Donner aux élèves une idée des multiples du mètre : décamètre, hectomètre, kilomètre, myriamètre.

FÉVRIER.

Mesures de superficie. — Donner aux élèves une idée du mètre carré et de l'are. — Dessiner au tableau un décimètre partagé en centimètres carrés.

MARS.

Mesures de volume. — Donner une idée des mesures de volume : mètre cube, décimètre cube, centimètre cube, stère.

AVRIL.

Mesures de capacité. — Montrer aux élèves le litre, le décilitre, le centilitre. — Faire sous leurs yeux des mesurages.

MAI.

Poids. — Montrer les poids légaux employés en France. — Montrer une balance. — Faire des pesages sous les yeux des élèves.

JUIN.

Monnaies. — Le *franc*, le décime, le centime. — Monnaies d'argent, d'or, de bronze ; les montrer.

JUILLET-AOUT.

Révision générale. — Exercices et problèmes.

GÉOMÉTRIE ET DESSIN[1].

DIRECTIONS GÉNÉRALES. (Voy. le progr. officiel, p. 30.)

Dans le cours élémentaire, l'enseignement du dessin a pour objet d'exercer l'œil et la main de l'enfant, en lui apprenant à distinguer et à tracer les figures géométriques les plus élémentaires.

Les leçons, qui ne doivent durer qu'un quart d'heure, commencent en janvier avec les leçons de système métrique.

Le maître trace d'abord lui-même la figure au tableau noir ; il la nomme, en explique les caractères et la fait reproduire aux élèves sur l'ardoise.

Il les exerce ensuite à composer des dessins formés de parties symétriquement disposées autour d'un point.

Puis il leur fait dessiner des figures sur simple énoncé et de grandeur donnée.

Enfin il leur apprend à tracer à main levée la forme des objets usuels à contour régulier.

(Il ne doit être fait dans ce cours aucun usage des instruments).

JANVIER.

Donner l'idée du point, surtout comme centre d'une figure ; (prendre pour exemple le tableau noir, l'ardoise). Distinguer les diverses positions d'un autre point : partie supérieure, inférieure, droite, gauche. — Lignes : droite, verticale, horizontale, oblique.

FÉVRIER.

Lignes parallèles dans diverses positions. — Parallèles équidistantes (commencer par des lignes de quelques centimètres et augmenter progressivement la longueur). — Division des droites en 2, 3, 4, etc., jusqu'à 10 parties égales.

MARS.

Lignes perpendiculaires ; angle droit ; angles aigus et angles obtus de grandeurs diverses. — Tracé des angles droits dans diverses positions. — Obliques égales. — Division de l'angle droit en 2 ou 3 parties égales. — Reproduction et évaluation des angles.

1. Les maîtres qui trouveraient ce programme trop étendu, pourraient le restreindre facilement ou se renfermer dans les programmes officiels correspondants. — Cette observation s'applique d'ailleurs à toutes les divisions mensuelles que nous proposons, et c'est pour cela que nous avons eu soin de faire précéder notre travail des programmes officiels eux-mêmes.

AVRIL.

Dessin des lettres majuscules comprenant des angles droits : E, F, H, L, T ; des lettres comprenant des angles aigus : V, M, N, Z ; d s lettres comprenant des angles aigus et obtus : A, K, X, Y.

MAI.

Tracé des triangles : 1° rectangles, 2° équilatéraux, 3° isocèles, scalènes. — Decomposition des trois derniers en triangles rectangles ; — base, hauteur.

JUIN.

Tracé de carrés de dimensions de plus en plus grandes ; propriété des diagorales ; centre de la figure. — Losanges. — Rectangles. — Comparaison avec le carré. Division des rectangles en carrés égaux.

JUILLET-AOUT.

Parallélogrammes comparés aux rectangles ; ba-e, hauteur, — Trapèzes : symétriques, rectangulaires ; décomposition en triangles. — Premiers principes du dessin d'ornement. Circonférences, polygones réguliers, rosaces étoilées.

ÉLÉMENTS USUELS DES SCIENCES PHYSIQUES ET NATURELLES

(Leçons de choses).

DIRECTIONS GÉNÉRALES (Voy. les prog. officiels, p. 32).

LEÇONS DE CHOSES : DIVISIONS MENSUELLES. (1T. p. 38.)

EXERCICES DE MÉMOIRE.

DIRECTIONS GÉNÉRALES. (Voy. les prog. officiels, p. 24).

Morceaux choisis en vers et en prose. — Fables, récits, historiettes. (En expliquer le sens ; exercer les élèves à rendre compte de vive voix des morceaux étudiés).

CHANT.

Chants appris tout d'abord exclusivement par l'audition. — Lecture des notes.

GYMNASTIQUE.

(Voy. les progr. officiels, p. 16.)

Exercices préparatoires. — Mouvements et flexion des bras et des jambes. — Exercices des haltères et de la barre. — Course cadencée. — Évolutions. — Exercices de marche, d'alignement, de formation de peloton, etc.

TRAVAUX MANUELS (garçons).
(Voy. les prog. officiels, p. 16.)

Exercices manuels destinés à développer la dextérité de la main. — Découpage de carton-carte en forme de solides géométriques. — Vannerie; assemblage de brins de couleurs diverses. — Modelage : reproduction de solides géométriques et d'objets très simples.

TRAVAUX MANUELS (filles).
(Voy. les progr. officiels, p. 17.)

Tricot et étude du point, mailles à l'endroit, à l'envers, côtes, augmentations, diminutions. — Point de marque sur canevas. — Éléments de couture : ourlets et surjets. — Exercices manuels destinés à développer la dextérité de la main, decoupage et applications de pièces de papier de couleur. —Petits essais de modelage

---

COURS MOYEN.

MORALE.

DIRECTIONS GÉNÉRALES (Voy. le progr. officiel. p. 44).

« Entretiens, lectures avec explications, exercices pratiques. — Même mode et mêmes moyens d'enseignement que dans le cours élémentaire, avec un peu plus de méthode et de précision. — Coordonner les leçons et les lectures de manière à n'omettre aucun point important du programme ci-dessous.

« Dans tout ce cours, l'instituteur prend pour point de départ l'existence de la conscience, de la loi morale et de l'obligation. Il fait appel au sentiment et à l'idée du devoir, au sentiment et à l'idée de la responsabilité, il n'entreprend pas de les démontrer par exposé théorique.

« Devoirs envers Dieu. — L'instituteur n'est pas chargé de faire un cours *ex professo* sur la nature et les attributs de Dieu; l'enseignement qu'il doit donner à tous indistinctement se borne à deux points :

« D'abord, il leur apprend à ne pas prononcer légèrement le nom de Dieu; il associe étroitement dans leur esprit à l'idée de la cause première et de l'être parfait un sentiment de respect et de vénération; et il habitue chacun d'eux à environner du même respect cette notion de Dieu, alors même qu'elle se présenterait à lui sous des formes différentes de celles de sa propre religion.

« Ensuite, et sans s'occuper des prescriptions spéciales aux diverses communions, l'instituteur s'attache à faire comprendre et sentir à l'enfant que le premier hommage qu'il doit à la divinité, c'est l'obéissance aux lois de Dieu, telles que les lui révèlent sa conscience et sa raison. » (Progr. officiel, p. 49).

OCTOBRE.

L'enfant dans la famille. Devoirs envers les parents et les grands parents. — Obéissance, respect, amour, reconnaissance. — Aider les parents dans leurs travaux; les soulager dans leurs maladies; venir à leur aide dans leurs vieux jours.

NOVEMBRE.

Même sujet. — Devoirs des frères et sœurs — S'aimer les uns les autres; protection des plus âgés à l'égard des plus jeunes; action de l'exemple.

DÉCEMBRE.

Même sujet. — Devoirs envers les serviteurs. — Les traiter avec politesse, avec bonté.

JANVIER.

L'enfant dans l'école. — Assiduité, docilité, travail, convenance. — Devoirs envers l'instituteur. — Devoirs envers les camarades.

FÉVRIER.

La patrie. — La France, ses grandeurs et ses malheurs. — Devoirs envers la patrie et la société.

MARS.

Récapitulation des matières traitées dans les mois précédents.
Devoirs envers soi-même. — Le corps : propreté, sobriété et tempérance; dangers de l'ivresse: gymnastique.

AVRIL.

Les biens extérieurs. — Économie; éviter les dettes; funestes effets de la passion du jeu; ne pas trop aimer l'argent et le gain; prodigalité, avarice; le travail (ne pas perdre de temps, obligation du travail pour tous les hommes, noblesse du travail manuel.)

MAI.

L'âme. — Véracité et sincérité; ne jamais mentir. — Dignité personnelle, respect de soi-même. — Modestie : ne point s'aveugler sur ses défauts. — Éviter l'orgueil, la vanité, la coquetterie, la frivolité. — Avoir honte de l'ignorance et de la paresse. — Courage dans le péril et dans le malheur; patience, esprit d'initiative. — Dangers de la colère.
Traiter les animaux avec douceur; ne point les faire souffrir inutilement. — Loi Grammont; sociétés protectrices des animaux.

JUIN.

Devoirs envers les autres hommes. — Justice et charité (ne faites pas à autrui ce que vous ne voudriez pas qu'on vous fît; faites aux autres ce que vous voudriez qu'ils vous fissent). — Ne porter atteinte ni à la vie, ni à la personne, ni aux biens, ni à la réputation d'autrui. — Bonté, fraternité. — Tolérance, respect de la croyance d'autrui.

JUILLET-AOUT.

Même sujet. — Récapitulation des matières traitées dans les mois précédents.

LECTURE.

LECTURE COURANTE AVEC EXPLICATIONS.

Le maître doit toujours lire, en totalité ou en partie, le morceau qu'il a choisi et préparé pour servir de texte à la leçon de lecture. Il fait remarquer aux élèves l'intonation générale qu'il convient de donner; il appelle leur attention sur les repos et les liaisons.

Il explique le sens du morceau et en fait faire le résumé par les élèves, soit oralement, soit, lorsqu'il y a lieu, par écrit.

Il procède ensuite à la lecture proprement dite, collective ou individuelle.

ÉCRITURE.

ÉCRITURE CURSIVE ORDINAIRE.

Au commencement de chaque classe, et toutes les fois qu'il en est besoin, le maître rappelle les principes relatifs à la tenue du corps, du cahier et de la plume.

La leçon est exposée au tableau noir sur un modèle que trace le maître.

Les corrections individuelles aux tables et les démonstrations au tableau noir se font comme dans le cours élémentaire.

Les phrases servant de modèles doivent toujours présenter un sens complet, et avoir pour objet soit un précepte de conduite, soit une notion utile.

LANGUE FRANÇAISE.

DIRECTIONS GÉNÉRALES (Voy. le progr. officiel, p. 22).

L'enseignement du français a pour but non seulement la connaissance de la langue, mais encore la culture de l'intelligence et le développement du sens moral.

Tous les exemples doivent donc être expliqués à ce triple point de vue.

L'objet de la leçon est d'abord exposé au tableau noir.

Le maître part des exemples pour amener les élèves à en déduire les définitions et les règles.

Tout exemple, tout exercice, quelque élémentaire qu'il soit, doit comprendre l'énoncé d'une proposition complète.

Les devoirs d'application seront courts et corrigés avec soin.

Les dictées, également courtes, seront empruntées aux auteurs classiques; elles auront trait à des questions morales, historiques, géographiques, agricoles, commerciales, etc.

Les exercices de rédaction ont lieu toute l'année. Simples et gradués, ils ont d'abord pour objet la composition de petites phrases sur des sujets connus de l'enfant; ils comprennent ensuite le récit d'un trait d'histoire, le résumé d'une lecture, des lettres familières, etc.

OCTOBRE.

Les dix parties du discours. — Mots variables et mots invariables. — Idée de la proposition.

Nom. — Exception à la règle générale de la formation du pluriel. — Noms composés et noms propres.

Article. — Élision et contraction.

Exercices d'application et d'invention sur le nom et l'article.

NOVEMBRE.

Adjectif. — Principales exceptions à la règle générale de la formation du féminin et du pluriel. — Différentes sortes d'adjectifs. — Règles d'accord.

Exercices d'application et d'invention sur le nom et l'adjectif.

DÉCEMBRE.

Pronom. — Différentes sortes de pronoms. — Règles d'accord.

Exercices d'application et d'invention sur le nom, l'adjectif et le pronom.

JANVIER.

Verbe. — Remarques sur l'accord du verbe.

Sujets et compléments. — Mode, temps, nombre et personne.

Exercices d'application et d'invention.

FÉVRIER.

Conjugaison. — Radical et terminaison.

Différentes sortes de verbes.

Exercices d'application et de conjugaison.

MARS.

Formation des temps. — Verbes réguliers et verbes irréguliers.

Exercices d'application.

AVRIL.

Participe. — Participe présent et adjectif verbal. — Participe passé; règles générales d'accord.

Adverbe, préposition, conjonction et interjection. — Exemples et définitions. — De la fonction de chacun de ces mots dans le discours. — Signes de ponctuation.

Exercices d'application.

Analyse grammaticale (surtout orale) de phrases complètes. **Analyse logique** (surtout orale): la proposition; ses parties essentielles; les compléments logiques.

Revision générale.

HISTOIRE DE FRANCE.

DIRECTIONS GÉNÉRALES (Voy. le progr. officiel, p. 26).

Chaque leçon est exposée d'abord par le maître.

Dans cette exposition, lorsqu'il s'agit de faits importants, il s'efforce d'en faire découvrir les causes aux élèves; il s'attache également à leur en faire rechercher et apprécier les conséquences.

Afin de les habituer à exprimer et à enchaîner leur idées, il les exerce à reproduire les résumés de vive voix. Les événements remarquables, les biographies intéressantes sont l'objet de comptes rendus écrits.

Il trace au tableau noir et fait tracer, par les élèves, au tableau et sur le papier, les cartes de la France aux principales époques de notre histoire. Les pays, villes et lieux divers dont il est parlé dans les leçons sont toujours montrés sur les cartes.

Résumé rapide de la partie de l'histoire de France étudiée dans la dernière année du cours élémentaire.

La guerre de Cent ans. Philippe de Valois et Jean le Bon (1328-1364) — Crécy (1346) et Poitiers (1356). — Étienne Marcel. — Charles V et Duguesclin (1364-1380). — Charles VI (1380-1422): les Armagnacs et les Bourguignons; Bataille d'Azincourt (1415). Traité de Troyes (1420). — Charles VII (1422-1461): Siège d'Orléans (1428) ; Jeanne d'Arc (1429-1431); Formigny (1450) et Castillon (1453); expulsion des Anglais.

Le triomphe du pouvoir royal sur la féodalité. — Charles VII : ses institutions. — Louis XI (1461-1483) et Charles le Téméraire. — Minorité de Charles VIII.

Les guerres d'Italie. — Charles VIII à Naples (1494). — Louis XII : Bataille de Ravenne (1512). — François Ier à Marignan (1515).

DÉCEMBRE.

L'équilibre européen. — Lutte contre la prépondérance de la maison d'Autriche (1re période). — L'empire de Charles-Quint. François 1er et Henri II (1515-1559). — Bataille de Pavie (1525) et de Cérisoles (1544). La cour de François 1er et la renaissance des lettres et des arts. — Henri II; bataille de Saint-Quentin (1557). — Traité de Cateau-Cambrésis (1559).

JANVIER.

Revision des matières étudiées dans le trimestre précédent.

Les guerres civiles. — François II et Charles IX (1459-1574). — L'Hôpital et les politiques. — Henri III (1574-1589). Les Guises et la Ligue. — Henri IV (1589). — Siège de Paris (1590). Édit de Nantes et paix de Vervins (1598).

FÉVRIER.

La monarchie absolue; les Bourbons. — Henri IV et Sully (1589-1610). — Louis XIII (1610-1631) et Richelieu: les grands, les protestants; seconde période de la guerre contre la maison d'Autriche; guerre de Trente ans (1618-1648); période française; Condé et Turenne. — Traité de Westphalie (1648). — Louis XIV (1643-1715). — Sa minorité. — Mazarin et la Fronde (1648-1653). — Traité des Pyrénées (1659). — Louis XIV, roi (1661).

MARS.

Louis XIV et ses successeurs. — Gouvernement personnel de Louis XIV. — Les quatre guerres de son règne: guerre de dévolution, guerre de Hollande, guerre d'Allemagne, guerre de la succession d'Espagne. Traité de Nimègue (1678); apogée de la grandeur de Louis XIV. — Colbert et Louvois. — Les grands hommes du dix-septième siècle. — État de la France en 1715. Louis XV (1715-1774). — Le régent. — Les trois guerres du règne de Louis XV : guerre de la succession de Pologne, guerre de la succession d'Autriche, guerre de Sept ans. — Louis XVI (1774-1789). — Turgot. — Guerre d'Amérique. — Convocation des états généraux (1789).

AVRIL.

Revision des matières étudiées dans les trimestres précédents.

La Révolution française. — La Constituante; l'Assemblée législative ; la Convention : journées célèbres et grands hommes de la Révolution. — Le Directoire. — Bonaparte. — Campagne d'Italie et campagne d'Égypte.

MAI.

Le Consulat et l'Empire (1800-1814). — Le Consulat. — Organisation administrative de la France — Marengo (1800). L'Empire (1804). — Austerlitz (1805); Iéna (1808); Wagram (1809) ; la Moskowa (1812); Waterloo (1815).

JUIN.

La Restauration. — Louis XVIII (1815-1824). — Expédition d'Espagne, prise du Trocadéro. — Charles X (1824-1830) : affranchissement de la Grèce, bataille de Navarin; prise d'Alger; révolution de 1830.

Gouvernement de Juillet. — Louis Philippe 1er (1830-1848) et son gouvernement; conquête de l'Algérie ; principaux ministres.

Révolution de 1848. — L'Assemblée constituante et l'Assemblée législative ; élection du prince Louis Napoléon Bonaparte et le coup d'État du 2 décembre 1851.

Le second Empire. — Napoléon III; guerres de Crimée (1854), d'Italie (1859), du Mexique (1862) ; fatale guerre de 1870, chute de l'Empire, proclamation de la République.

Les lois constitutionnelles de 1875.

JUILLET-AOUT.

Revision générale.

GÉOGRAPHIE.

DIRECTIONS GÉNÉRALES (Voy. le progr. officiel, p. 26).

Ce cours est précédé de quelques notions très simples de cosmographie élémentaire[1].

La leçon de géographie est toujours exposée par le maître, sur la carte, avant d'être donnée à étudier.

Les élèves seront fréquemment exercés au tracé des cartes sur le tableau noir et sur le papier. Des voyages en ligne droite, par eau, en chemin de fer, etc., seront aussi l'objet de fréquents exercices oraux ou écrits.

OCTOBRE

Notions très simples de Cosmographie élémentaire. — Axe, pôles, équateur, méridiens, degrés; longitude et latitude d'un lieu.

Distinction de la Géographie physique et de la Géographie politique. Explication des principaux termes de la géographie politique : État, province, comté, canton, département, etc.

NOVEMBRE.

Grandes divisions du globe. — Asie, Afrique, Amérique, Océanie. — Description sommaire des côtes. — Système général des montagnes; grands fleuves.

---

1. Nous considérons comme fort utiles à la parfaite intelligence de la géographie même de la France les matières que nous indiquons pour les mois d'octobre, de novembre, etc. Mais il sera toujours loisible de les omettre et de se renfermer strictement dans le texte du programme officiel (Géographie de la France et de ses colonies). Dans cette hypothèse, on dédoublera les mois de mars, avril, etc., et l'on profitera du temps que l'on aura gagné pour faire « une étude plus approfondie du canton, du département, de la région ».

DÉCEMBRE.

États et villes principales. — Colonies et établissements européens. — Principaux objets d'échange avec l'Europe.
Révision des matières étudiées dans le trimestre.

JANVIER.

Europe. — Géographie physique. — Ligne de partage des eaux et montagnes qui s'y rattachent; volcans, fleuves et rivières principales, lacs. — Description sommaire des côtés, mers, golfes, détioits, îles, etc.

FÉVRIER.

Géographie politique. — États du Nord, du Centre et du Sud. — Capitales, langues principales. — Religions, gouvernements, population.

MARS.

France. — Géographie physique. — Tracé des frontières et des côtes. — Ligne de partage des eaux; montagnes qui s'y rattachent — Bassin des grands fleuves. Leurs principaux affluents. — Les grands canaux. — Les chemins de fer.
Revision des matières étudiées dans le trimestre.

AVRIL.

Géographie politique. — Ce qu'était une ancienne province. — Ce qu'est un département, un arrondissement, un canton, une commune; une division militaire; un archevêché; un évêché; une cour d'appel; une académie. — Ce qu'est une route nationale, une route départementale, un chemin de grande communication, un chemin vicinal.

MAI.

Les anciennes provinces et les départements. — Division de la France en provinces. — Division en départements : chefs-lieux (étudier la place des départements sur la carte, à l'aide du cours des fleuves et des rivières ou de la direction des montagnes dont ils portent le nom).

JUIN.

Les colonies. — Algérie : ses divisions. — Indication des autres colonies françaises.

JUILLET-AOUT.

Industrie et commerce. — Zones de culture et de production. — Grands centres d'industrie. — Principales voies de commerce entre la France et les cinq parties du monde.
Revision générale.

ENSEIGNEMENT CIVIQUE.
(Voy. le progr. officiel, p. 28.)

OCTOBRE-NOVEMBRE-DÉCEMBRE.

Notions très sommaires sur l'organisation de la France. — Anciennes provinces ; départements, cantons, communes. — Aperçu sur les divers ministères et sur les services qui en dépendent.

JANVIER-FÉVRIER-MARS.

Le citoyen, ses obligations et ses droits ; l'obligation scolaire ; le service militaire, l'impôt, le suffrage universel.

AVRIL.

La commune, le maire, le conseil municipal.

MAI.

Le département, le préfet, le conseil général.

JUIN-JUILLET-AOUT.

L'État, le pouvoir législatif, le pouvoir exécutif, la justice.

CALCUL, SYSTÈME MÉTRIQUE, GÉOMÉTRIE.

DIRECTIONS GÉNÉRALES (Voy. le progr. officiel, p. 28 et suiv.)

Comme dans le cours élementaire, le maître s'aide, pour ses démonstrations, d'objets sensibles.

Les opérations ont lieu sur des nombres concrets, et les problèmes sont exclusivement empruntés aux circonstances de la vie réelle, aux faits de l'économie domestique, rurale et industrielle.

Les applications du système métrique ont trait surtout à la mesure des surfaces et des volumes ; elles ont pour objet des exercices de toisé et de cubage et quelques opérations très simples d'arpentage.

Calcul.

OCTOBRE.

Numération des nombres entiers et des nombres décimaux. — Explication du principe que la valeur d'un nombre décimal ne change pas quand on écrit ou qu'on supprime des zéros sur sa droite. — Rendre un nombre entier ou un nombre décimal 10, 100, 1000 fois plus grand ou plus petit.

Addition et soustraction des nombres entiers et des nombres décimaux. — Règles pratiques et applications. — Problèmes.

NOVEMBRE.

Multiplication des nombres entiers et des nombres décimaux. — Définition de la multiplication quand le multiplicateur est décimal. — Règles pratiques.

Exercices d'application. — Problèmes.

DÉCEMBRE.

Division des nombres entiers et des nombres décimaux. — Différence des cas suivant que le diviseur est entier ou décimal. — Règle pratique pour le premier cas. Le second cas se ramène au premier. — Trouver le quotient de deux nombres entiers ou décimaux à moins de 0,1 près, à moins de 0,01 près, etc.

Exercices d'application. — Problèmes.

JANVIER.

Revision des principes relatifs à la numération et aux quatre opérations fondamentales.

Problèmes sur les quatre opérations.

FÉVRIER.

Caractères de divisibilité par 2, 3, 5, 6 et 9.

Applications : Simplification des calculs; preuves par 9 de la multiplication et de la division.

Problèmes sur les quatre opérations.

MARS.

Fractions ordinaires. — Principes sur les fractions. — Simplification des fractions. — Réduction de deux ou de plusieurs fractions au même dénominateur.

Addition et soustraction. — Règles pratiques.

Exercices d'application.

AVRIL.

Multiplication et division des fractions ordinaires.

Règles pratiques.

Exercices d'application. — Problèmes.

Conversion des fractions ordinaires en fractions décimales. — Règle pratique.

MAI.

Règles de trois et d'intérêt simple.

Exercices d'application.

JUIN.

Règles d'escompte et de société.

JUILLET-AOUT.

Revision générale. — Exercices et problèmes.

Système métrique, géométrie.

OCTOBRE.

Notions générales.—Le système métrique et décimal : avantages qui en résultent. — Ce qu'on entend par mesure. — Diverses espèces de mesures; leur emploi. — Définition des unités de mesure; leur rapport avec le mètre.

Multiples et sous-multiples décimaux des unités métriques; comment on les exprime et ce qu'ils sont par rapport à l'unité — Mesures effectives : unités, multiples et sous-multiples; doubles et moitiés de ces mesures.

NOVEMBRE.

Mesures de longueur.— Le mètre; ses multiples et ses sous-multiples. Une longueur étant exprimée en mètres, en décimètres, en centimètres, etc., la rapporter à une autre unité de longueur. — Valeur en mètres d'un degré du méridien, de la lieue de poste et de la lieue commune ou de 25 au degré. — Problèmes d'application.

DÉCEMBRE.

Mesures de superficie. — Définition du carré.— Mètre carré; ses multiples et ses sous-multiples; — Are; son multiple et son sous-multiple. — Rapports entre les mesures de superficie proprement dites et les mesures agraires. — Une surface étant exprimée au moyen d'une unité superficielle, la rapporter à une autre unité.

JANVIER.

Mesures de volume.— Définition du cube. — Mètre cube; ses sous-multiples. — Stère, décastère et décistère. — Rapports entre les mesures de volume proprement dites et les mesures pour les bois de chauffage et de construction.

FÉVRIER.

Mesures de capacité. — Le litre; ses multiples et sous-multiples. — Mesures effectives et mesures fictives. — Problèmes d'application.

Rapports entre les mesures de capacité et les mesures de volume.

MARS.

Mesures de poids. — Le gramme; ses multiples et sous-multiples.— Mesures effectives et mesures fictives. — Quintal et tonne métriques. — Problèmes d'application.

Correspondance entre les mesures de poids et les mesures de volume et de capacité; poids d'un litre d'eau, d'un mètre cube d'eau, etc.

AVRIL.

Monnaies. — Le franc et ses sous-multiples. — Pièces de monnaie effectives. — Poids des pièces d'or, d'argent et de bronze. Valeur relative des monnaies d'or, d'argent et de bronze, à poids égal ; poids relatif de ces monnaies, à valeur égale.

Valeur du kilogramme d'argent pur et du kilogramme d'argent monnayé ; du kilogramme d'or pur et du kilogramme d'or monnayé.

Titre des alliages d'or ou d'argent. — Connaissant le poids et le titre d'une pièce d'or ou d'argent, en trouver la valeur.

MAI.

Notions sur la mesure du temps. — Jour, heure, minute, seconde. — Convertir en secondes un nombre composé de jours, d'heures, de minutes et de secondes ; réciproquement, un nombre de secondes étant donné, trouver combien il contient de minutes, d'heures et de jours.

JUIN.

Notions de géométrie pratique. — Définitions du triangle, du parallélogramme, du trapèze et du cercle. — Règles pratiques pour la mesure de ces surfaces.

JUILLET-AOUT.

Revision générale. — Exercices et problèmes.

DESSIN LINÉAIRE.

(Pour le dessin d'ornement, voy. le progr. officiel, p. 30.)

Dans le cours moyen, les élèves dessinent sur le papier au crayon Conté : ils sont pourvus d'un double-décimètre, mais ils ne doivent s'en servir que comme d'un instrument de vérification.

Les définitions des lignes et des figures géométriques, les propriétés qui servent à les tracer, leur sont enseignées, mais sans démonstration.

Ils sont exercés au dessin des objets qui présentent des formes géométriques régulières.

OCTOBRE.

Les diverses espèces de lignes : 1° droites, brisées, courbes ; 2° horizontales, verticales, obliques ; 3° perpendiculaires, parallèles ; parallèles équidistantes.

(L'élève est exercé à tracer les différentes lignes avec des dimensions données et à les diviser en 2, 3, 4, etc., parties égales. — Vérification du double décimètre.)

NOVEMBRE.

Les angles : droit, aigu, obtus. — La bissectrice.

Position respective des angles : adjacents, opposés par le sommet; angles complémentaires et supplémentaires. — Angles égaux autour d'un point.

Les triangles : équilatéral, isocèle (la médiane), scalène; rectangle (l'hypoténuse), acutangle, obtusangle.

(L'élève tracera des angles de grandeurs diverses dans toutes sortes de positions respectives à côtés parallèles, à côtés perpendiculaires. — Il tracera des triangles dont la longueur des côtés lui sera donné. On l'exercera surtout avec des angles aigus valant la moitié, le tiers, les deux tiers de l'angle droit.)

DÉCEMBRE.

Les quadrilatères irréguliers : division en triangles par des diagonales. — Carré : rectangle; losange; parallélogramme; propriétés de leurs diagonales. — Figures égales, figures équivalentes. — Division des figures en parties égales.

JANVIER.

Comparaison des carrés faits sur les côtés d'un triangle rectangle. — Carré double ou moitié d'un carré donné. — Rectangle équivalent à un carré.

Trapèzes : rectangulaire, symétrique; les bases, la hauteur.

FÉVRIER.

Tracé de la circonférence au moyen de deux perpendiculaires égales. — Diamètre, rayon, corde, arc, flèche. — Distinction de la circonférence et du cercle. — Segment, secteur. — Angle au centre. — Degrés, minutes et secondes.

MARS.

La tangente; la sécante, leurs propriétés. — Perpendiculaire à une corde. — Tracé d'une circonférence passant par trois points. — Positions respectives de deux circonférences : extérieures, tangentes, sécantes, intérieures, concentriques; propriétés de la ligne des centres.

AVRIL.

Les polygones réguliers et la circonférence.— Triangle équilatéral inscrit et circonscrit; l'apothème. — Carré inscrit et circonscrit. — Pentagone, hexagone, octogone, inscrits et circonscrit.

Valeur de l'angle au centre et de l'angle formé par deux côtés d'un polygone régulier.

MAI.

Applications des polygones réguliers. — Parquets. — Mosaïques. — Rosaces. — Polygones étoilés. — Arrangement symétrique des figures autour d'un point.

JUIN.

Courbes à formes régulières : ove, anse de panier, ellipse, spirale. Leur emploi dans l'ornement et surtout dans la céramique; — moulures diverses : baguette, gorge, quart de rond, cavet, talon, doucine, scotie.

JUILLET-AOUT.

Représentation en perspective des solides à faces planes : cube, parallélipipède rectangle, prisme, pyramide.

Représentation des solides à surface ronde : cylindre, cône, tronc de cône.

SCIENCES PHYSIQUES ET NATURELLES.

NOTIONS TRÈS ÉLÉMENTAIRES DE SCIENCES NATURELLES.

(Leçons de choses.)

(Voy. le progr. officiel, p. 32 et suiv.)

OCTOBRE, NOVEMBRE, DÉCEMBRE.

L'homme. — Description sommaire du corps humain et idée des principales fonctions de la vie.

JANVIER, FÉVRIER, MARS.

Les animaux. — Notions des grands embranchements et de la division des vertébrés en classes, à l'aide d'un animal pris comme type de chaque groupe.

AVRIL, MAI, JUIN.

Les végétaux. — Étude, sur quelques types choisis, des principaux organes de la plante; notions des grandes divisions du règne végétal, indication de plantes utiles et nuisibles (surtout dans les promenades scolaires).

JUILLET-AOUT.

Les trois états des corps. — Notions sur l'air et l'eau, et sur la combustion : petites démonstrations expérimentales.

AGRICULTURE ET HORTICULTURE.

(Voy. le progr. officiel, p. 36.)

Notions, à propos des lectures, des leçons de choses et des promenades, sur les principales espèces de sols, les engrais, les travaux et les instruments usuels de culture (bêche, hoyau, charrue, etc.).

EXERCICES DE MÉMOIRE.

Récitation de fables, de petites poésies, de morceaux de prose.

CHANT.

Chants d'ensemble à une et à deux voix appris par l'audition.
Connaissance des notes, portée, clef de sol, lecture, premiers exercices d'intonation; durée : ronde, blanche, noire, croches, silences, mesures à deux, trois et quatre temps; lecture des notes avec la durée en battant la mesure.
Exercices les plus simples de solfège; dictées orales

GYMNASTIQUE.

Suite des exercices de flexion et d'extension des bras et des jambes. — Exercices avec haltères. — Exercices de la barre, des anneaux, de l'échelle, de la corde à nœuds, des barres à suspension, des barres parallèles fixes, de la poutre horizontale, des perches, du trapèze. — Évolutions.

EXERCICES MILITAIRES.

École du soldat sans armes. — Principes des différents pas. — Alignements. — Marches, contre-marches et haltes. — Changements de direction.

TRAVAUX MANUELS (garçons).

Construction d'objets de cartonnage revêtus de dessins coloriés et de papier de couleur.
Petits travaux en fil de fer; treillage.
Combinaison de fil de fer et de bois; cages.
Modelage : ornements simples d'architecture.
Notions sur les outils les plus usuels.

TRAVAUX MANUELS (filles).

Tricot et remmaillage.
Marque sur canevas.
Éléments de la couture : point devant, point de côté, point arrière, point de surjet. — Couture simple, ourlet, couture double, surjets sur lisières, sur plis rentrés.
Confection d'ouvrages de couture simples et faciles (essuie-mains, serviettes, mouchoirs, tabliers, chemises), rapiéçage.

COURS SUPÉRIEUR.

MORALE.

« Entretiens, lectures, exercices pratiques, comme dans les deux cours précédents. Celui-ci comprend de plus, en une série régulière de leçons dont le nombre et l'ordre pourront varier, un enseignement élémentaire de la morale et plus particulièrement de la *morale sociale*, d'après le programme ci-après.

« Pour chacun des chapitres qui vont suivre, on fera remarquer aux élèves, sans entrer dans des discussions métaphysiques :

« 1° La différence entre le devoir et l'intérêt, même lorsqu'ils semblent se confondre, c'est-à-dire le caractère impératif et désintéressé du devoir ;

« 2° La distinction entre la loi écrite et la loi morale : l'une fixe un minimum de prescriptions que la société impose à tous ses membres sous des peines déterminées, l'autre impose à chacun dans le secret de sa conscience un devoir que nul ne le contraint à remplir, mais auquel il ne peut faillir sans se sentir coupable envers lui-même et envers Dieu. »

Le *premier trimestre* sera utilement employé à des *entretiens* spéciaux sur ces deux points importants. — Donner des exemples; faire appel à la conscience des enfants; éveiller et développer chez eux le sens moral, en suivant la marche indiquée ci-dessus.

JANVIER.

La famille. — Devoirs des parents et des enfants ; devoirs réciproques des maîtres et des serviteurs; l'esprit de famille.

FÉVRIER.

La société. — Nécessité et bienfaits de la société. La justice, condition de toute société.

MARS.

Applications et développements de l'idée de justice; respect de la vie et de la liberté humaine, respect de la propriété, respect de la parole donnée, respect de l'honneur et de la réputation d'autrui. La probité, l'équité, la loyauté, la délicatesse. Respect des opinions et des croyances.

AVRIL.

La solidarité, la fraternité humaine. — Applications et développements de l'idée de *charité* ou de *fraternité*. Ses divers degrés, devoirs de bienveillance, de reconnaissance, de tolérance, de clémence, etc. Le dévouement, forme suprême de la charité : montrer qu'il peut trouver place dans la vie de tous les jours.

MAI.

La patrie. — Ce que l'homme doit à la patrie (l'obéissance aux lois, le service militaire, discipline, dévouement, fidélité au drapeau). — L'impôt (condamnation de toute fraude envers l'État). — Le vote (il est moralement obligatoire; il doit être libre, consciencieux, désintéressé, éclairé).

JUIN.

Droits qui correspondent à ces devoirs : liberté individuelle, liberté de conscience, liberté du travail, liberté d'association. Garantie de la sécurité de la vie et des biens de tous. La souveraineté nationale. Explication de la devise républicaine : Liberté, Égalité, Fraternité.

JUILLET-AOUT.

Revision des matières étudiées dans les mois précédents.

LECTURE.

Lecture expressive dans les livres et, de temps en temps, dans les cahiers manuscrits. — Morceaux étendus et variés, en prose et en vers; scènes et descriptions, dialogues, etc. — Analyses et comptes rendus des lectures par les élèves.

ÉCRITURE.

Écriture cursive, ronde, bâtarde. — Retour sur les principes; exercices de ronde et de bâtarde (insister sur la cursive).

Tableaux, comptes, factures, mémoires d'un genre simple, réunissant les trois genres d'écriture.

LANGUE FRANÇAISE.

DIRECTIONS GÉNÉRALES (Voy. le progr. officiel, p. 23 et suiv.).

Application raisonnée des règles de la grammaire. — Dictées tirées des textes classiques et revision des règles sur ces dictées. — Indication du sens propre et du sens dérivé des mots.

Exercices de rédaction d'un genre simple. — Description d'un objet usuel; récit d'un trait d'histoire ou d'un fait de la vie privée, compte rendu d'une promenade utile; analyses; lettres familières, etc.

Grammaire proprement dite.

OCTOBRE.

Etude de la proposition. — Termes essentiels : sujet, verbe et attribut. — Compléments. — Proposition principale, proposition subordonnée, proposition incidente. — Phrase.

(Se tenir aux principes fondamentaux de l'analyse logique).

Ponctuation.

NOVEMBRE.

Syntaxe d'accord; syntaxe de régime.

Nom. — Étude des principales difficultés que présentent le genre et le nombre de certains noms. — Pluriel des noms propres, des noms empruntés aux langues étrangères et des noms composés.

Article. — Emploi et suppression de l'article.

Exercices de composition.

DÉCEMBRE.

Adjectif. — Fonction, place et complément des adjectifs. — Accord de l'adjectif.

Des adjectifs déterminatifs. — Emploi et accord des adjectifs numéraux, possesssifs et indéfinis : vingt, cent, même, tout, quelque, etc.

Pronom. — Emploi des pronoms en général. — Principales remarques auxquelles donne lieu la construction ou l'accord des pronoms personnels, démonstratifs, possessifs, conjonctifs et indéfinis.

Exercices de composition.

JANVIER.

Verbe. — Accord du verbe avec son sujet : principales exceptions à la règle générale. — Compléments des verbes. — Emploi des auxiliaires.

Emploi des modes et des temps. — Concordance des temps du subjonctif avec ceux de l'indicatif et du conditionnel.

Exercices de composition.

FÉVRIER.

Participe. — Participe présent et adjectif verbal. — Règles générales et remarques particulières sur l'accord du participe passé.

Mots invariables. — Principales remarques auxquelles donne lieu l'emploi des mots invariables.

Exercices de composition.

MARS.

**Notions d'étymologie usuelle, ou étude des éléments qui constituent la signification des mots : racines et radicaux; initiales ou préfixes, désinences ou terminaisons. — Dérivés et composés; familles de mots, synonymes.

Exercices de composition.

AVRIL-MAI-JUIN-JUILLET-AOUT.

Revision générale et exercices de composition.

Exercices d'analyse : questions d'analyse grammaticale à propos de cas difficiles rencontrés dans la lecture.

Exercices oraux d'analyse logique.

Lectures par le maître, avec le concours des élèves; sujets littéraires, dramatiques, historiques.

HISTOIRE GÉNÉRALE ET HISTOIRE DE FRANCE.

« Notions très sommaires d'histoire générale : pour l'antiquité, l'Égypte, les Juifs, la Grèce, Rome ; pour le moyen âge et les temps modernes, grands événements étudiés surtout dans leurs rapports avec l'histoire de France.

« Revision méthodique de l'histoire de France; étude plus approfondie de la période moderne. » (Programme officiel.)

D'après ces prescriptions du programme officiel, l'enseignement historique, dans le cours supérieur, comprend : 1° des notions très succinctes sur l'histoire ancienne; 2° des notions très succinctes aussi sur les grands faits du moyen âge et des temps modernes; 3° la revision de l'histoire de France.

La marche à suivre pour cet enseignement doit varier suivant qu'il s'agit de l'histoire ancienne ou des périodes postérieures. L'histoire ancienne forme nécessairement un tout à part; il convient de l'épuiser de suite, tout en se réservant la faculté d'y revenir toutes les fois que les lectures, les dictées, les entretiens en fourniront l'occasion. On pourra lui consacrer le premier mois de l'année.

Les grands faits de l'histoire du moyen âge et des temps modernes pourraient sans doute faire aussi l'objet d'un cours spécial. Mais il paraît être plus conforme à l'esprit du programme officiel de les mêler à l'histoire de France. Cette manière de procéder est la seule d'ailleurs qui s'accorde avec le peu de temps et de ressources dont dispose l'école primaire.

Après quelques entretiens sur le monde ancien, le maître reprendra donc l'histoire de France, mais en élargissant ses horizons, en insistant davantage sur les grands faits extérieurs auxquels la France a participé ou que des esprits un tant soit peu cultivés ne sauraient ignorer. Si quelques-uns de ces grands faits ne se rattachent pas directement ou indirectement à l'histoire de France, il les introduira dans son cadre au moyen de digressions habilement ménagées et en procédant par voie de synchronismes. Mais il ne perdra pas de vue que son but est surtout d'affermir l'enseignement

de l'histoire nationale, donné les années précédentes, et d'ajouter
à la *révision méthodique* qu'il en fera des développements que l'âge
des élèves n'avait point comportés jusqu'alors; au besoin, pour se
ménager du temps, il se restreindra sur les points suffisamment
connus ou qui n'importent qu'à l'ensemble.

OCTOBRE.

Histoire ancienne[1] (Simples entretiens).

(Voy. le programme officiel, p. 26.)

Monde connu des anciens.

Les Egyptiens. — La vallée du Nil. — Les dynasties et les principaux rois. — Monuments, mœurs, religion.

Assyriens et Babyloniens. — La région du Tigre et de l'Eu-
phrate; Ninive et Babylone. — Monuments, mœurs et religion.

Les Phéniciens. — Tyr, commerce maritime et colonies. —
Fondation de Carthage.

Les Juifs. — La Palestine. — Abraham; Moïse. — Le royaume
de David et de Salomon. — Schisme des dix tribus. — Destruction
des deux royaumes de Juda et d'Israël. — La Judée au temps de
Jésus-Christ. — Fin de la nationalité juive.

Les Grecs. — Aperçu sur la géographie ancienne de la Grèce et
le littoral de la Méditerranée. — Les temps héroïques : guerre de
Troie. — Sparte et Athènes; Lycurgue et Solon. — Guerres médi-
ques. — Périclès et son siècle ; guerre du Péloponèse. — Retraite
des Dix mille. — Thèbes. — La Macédoine : Philippe et Alexandre.
— Démembrement de l'empire d'Alexandre : les Séleucides et les
Lagides.

L'Italie ancienne. — Les premiers temps de Rome. — La
République : lutte entre les patriciens et les plébéiens. — Prise de
Rome par les Gaulois. — Conquête de l'Italie. — Guerres puniques.
— Conquêtes extérieures. — Les Gracques. — Marius et Sylla. —
Cicéron et la conspiration de Catilina. — Premier triumvirat. —
Conquête de la Gaule. — Dictature de César. — Octave et Antoine.
— Fin du gouvernement républicain.

L'empire romain. — Auguste et ses premiers successeurs. —
Les Flaviens. — Les Antonins. — Anarchie militaire. — Dioclétien.
— Constantin : triomphe du christianisme. — Julien. — Théodose.
— Partage de l'empire. — Fin de l'empire d'Occident.

NOVEMBRE.

Histoire de France.

Révision; addition des faits les plus importants de l'histoire
générale.

---

1. Les notions d'histoire ancienne peuvent être renvoyées à la fin du
cours, suivant les indications du programme général. Mais, logiquement,
elles précèdent les revisions d'histoire de France et y conduisent d'ailleurs
tout naturellement.

Période gallo-romaine. — Aperçu de la situation de la Gaule sous l'administration romaine; division en provinces. — Le christianisme en Gaule; influence croissante des évêques. — Les invasions du V* siècle : chute de l'empire d'Occident (476).

Période mérovingienne. — Clovis et ses principaux successeurs; traité d'Andelot (587) ; constitution perpétuelle de Clotaire II (617). — Les rois fainéants et les maires du palais; bataille de Testry (687). — Loi salique; condition des personnes et des terres.

Période carlovingienne. — Charles-Martel à Poitiers (732) ; l'islamisme, invasions des Arabes. — Pépin le Bref (452); Charlemagne (768-814); Louis le Débonnaire et ses fils; traité de Verdun (843). — Invasions des Normands et des Hongrois. — Démembrement de l'empire de Charlemagne — La féodalité en France et en Europe.

DÉCEMBRE.

Les Capétiens. — **Formation du pouvoir royal.** — Les premiers Capétiens. — L'an 1000; la trêve de Dieu et la chevalerie ; pestes et famines; conquêtes des Normands en Italie et en Angleterre ; possessions des rois anglais sur le continent.— Fondation du royaume de Portugal. — Les croisades; les ordres militaires. — Progrès des chrétiens en Espagne. — Allemagne : lutte du Sacerdoce et de l'Empire. — Louis le Gros (1108-1137); les communes. — Louis VII et Suger (1137-1180). — Philippe Auguste et Richard Cœur de Lion ; confiscation de 1204 ; la grande charte de Jean sans Terre (1215). — Saint Louis et ses institutions (1226-1270). — Philippe le Bel et ses fils (1284-1328) ; les légistes ; les premiers états généraux (1302).

JANVIER.

La guerre de Cent ans. —Causes de la rivalité de la France et de l'Angleterre. — Principaux événements de la guerre de Cent ans sous Philippe de Valois, Jean le Bon et Charles V. — Charles VI ; les Bourguignons et les Armagnacs. — Grand schisme d'Occident. — Charles VII; Jeanne d'Arc; fin de la guerre de Cent ans. — Chute de l'Empire d'Orient (1453).

Le triomphe du pouvoir royal sur la féodalité. — Institutions de Charles VII. — Louis XI et Charles le Téméraire ; administration de Louis XI; réunions au domaine royal. — Charles VII et Anne de Beaujeu; états généraux de Tours (1484). — Angleterre : guerre des Deux-Roses (1460-1485; Henri VII, avènement des Tudors (1485). — Espagne : Ferdinand et Isabelle (1469); conquête du royaume de Grenade (1492). — Italie, Milan, Venise, Florence. — Grandes découvertes et grandes expéditions maritimes du XV* siècle : Christophe Colomb et Vasco de Gama.

FÉVRIER.

Les guerres d'Italie. — Charles VIII et le royaume de Naples. — Louis XII et le Milanais. — François Ier à Marignan.

. L'équilibre européen. — Lutte contre la prépondérance de la maison d'Autriche (Ire période) : Charles-Quint, François Ier et Henri II ; le traité de Cateau-Cambrésis. — Renaissance artistique et littéraire. — La réforme en Allemagne, en Suisse, en Angleterre, dans les Pays-Bas et en France. — Les Espagnols, les Portugais et les Français en Amérique.

Les guerres civiles. — François II, Charles IX, Henri III (1559-1589) : les Guises et les Bourbons, L'Hôpital et les Politiques ; la Ligue. — Henri IV : édit de Nantes et paix de Vervins (1598). — Espagne : Philippe II ; Angleterre : Élisabeth et Marie Stuart.

MARS.

La monarchie absolue. — Henri IV et Sully. — Minorité de Louis XIII : régence de Marie de Médicis; états généraux de 1614. Richelieu et ses trois grands projets. — Seconde période de la lutte contre la maison d'Autriche : guerre de Trente ans : *période palatine, période danoise, période suédoise,* période française; victoires de Condé et de Turenne; traité de Westphalie (1648). — Angleterre: avènement des Stuarts ; Charles Ier et Cromwell; lutte maritime entre l'Angleterre et la Hollande. — Minorité de Louis XIV; régence d'Anne d'Autriche ; Mazarin et la Fronde, rôle du parlement de Paris, Mazarin et l'Espagne, traité des Pyrénées (1659).

Gouvernement personnel de Louis XIV. — Politique extérieure. — Guerre de dévolution. — Guerre de Hollande: Condé, Turenne, Duquesne. — Guerre d'Allemagne : Luxembourg. — Guerre de la succession d'Espagne : Villars. — Traités d'Aix-la-Chapelle, de Nimègue, de Riswick, d'Utrecht. — Gouvernement intérieur : finances, industrie, commerce; Colbert. — Organisation militaire : Louvois, Vauban. — Révocation de l'édit de Nantes, ses conséquences politiques et industrielles. — Angleterre: révolution de 1688. — *Situation de l'Europe et de la France en 1715. — État des lettres, des arts et des sciences au XVIIe siècle.*

AVRIL.

Les successeurs de Louis XIV. — La Régence; idée du système de Law. — Louis XV (1715-1774). — Ministère de Fleury (1726-1743) : guerres de la succession de Pologne et de la succession d'Autriche. — Le maréchal de Saxe : Fontenoy (1745). — Dupleix et La Bourdonnais. — Guerre de Sept ans. — Frédéric II et Marie-Thérèse. — Choiseul. — Premier partage de la Pologne (1773). — Aperçu sur la Suède : Charles XII; sur la Russie : Pierre le Grand et Catherine II. — Écrivains et philosophes du XVIIIe siècle.

Louis XVI : ministère de Turgot; les parlements et le pouvoir royal. — Guerre d'Amérique: Franklin, La Fayette, Washington, fondation des États-Unis. — Les idées de réforme : écrivains et philosophes du XVIII° siècle.

MAI.

La Révolution française. — Les états généraux. — Assemblée constituante : abolition des privilèges; réformes politiques et administratives. — Assemblée législative. — Première coalition. — Le 10 août 1792.

La Convention. — Événements intérieurs : procès de Louis XVI. — Lutte des Girondins et des Montagnards; Lyon, Toulon, la Vendée; le 9 thermidor, etc. — Événements extérieurs : Valmy, Jemmapes, Fleurus, etc. — Second et troisième partage de la Pologne (1793-1795).

Le Directoire. — Bonaparte en Italie; traité de Campo-Formio (1797); expédition d'Egypte (1798-1799).

Le Consulat et l'Empire. — Le Consulat : organisation administrative, judiciaire, financière; concordat : Légion d'honneur, code civil, université. — Deuxième campagne d'Italie; paix de Lunéville (1801); paix d'Amiens (1802). — L'Empire (1804). — Coalitions de l'Europe : campagnes d'Allemagne et de Prusse; guerre d'Espagne; expédition de Russie; campagne de France. — Première Restauration : Louis XVIII et la charte de 1814; les Cent jours; Waterloo, deuxième Restauration.

JUIN.

La Restauration (1815-1830). — Louis XVIII. — Le traité de Paris et le congrès de Vienne; remaniement de la carte d'Europe. — La Sainte-Alliance. — Expédition d'Espagne (1823). — Charles X (1824) — Affranchissement de la Grèce (1827), bataille de Navarin. — Prise d'Alger (1830). — Les Ordonnances; les journées de Juillet.

Gouvernement de Juillet (1830-1848). — Louis-Philippe 1" ; charte de 1830. — Intervention en faveur de la Belgique : prise d'Anvers. — Prise de Constantine (1837); soumission d'Abd-el Kader (1847). — Principaux ministres de Louis-Philippe; difficultés de son règne. — Révolution de février 1848.

Le deuxième Empire (1852-1870). — Guerres de Crimée (1854), d'Italie (1859), du Mexique (1861). — Guerre contre la Prusse (1870). — Proclamation de la République (4 septembre 1870). — Les lettres, les sciences, les arts, pendant la première moitié du XIX° siècle. — Principales découvertes : institutions diverses. — Progrès du commerce et de l'industrie, — de l'instruction. — Traité de Francfort; division actuelle de l'Europe.

Principaux événements intérieurs et extérieurs de la troisième République; les lois constitutionnelles de 1875; les présidents.

JUILLET-AOUT.

Revision générale.

GÉOGRAPHIE.

DIRECTIONS GÉNÉRALES (Voy. le progr. officiel, p. 26).

OCTOBRE [1].

Revision des matières du cours moyen : géographie générale des grandes divisions du globe ; Asie, Afrique, Amérique, Océanie.

NOVEMBRE.

Revision des matières du cours moyen ; géographie physique et politique de l'Europe.

DÉCEMBRE.

France. — Géographie physique. — Notions sommaires sur le climat. — Ligne de partage des eaux, chaînes de montagnes et ramifications principales — Fleuves et rivières divisées par bassins. — Tracé des frontières et description des côtes.

JANVIER.

Géographie politique. — Anciennes provinces. Époques et circonstances de leur réunion à la couronne.

FÉVRIER.

Départements : chefs-lieux et sous-préfectures. — Origine et but de la division en départements. — Concordance de l'ancienne et de la nouvelle division.

MARS.

Géographie agricole.—Division de la France en grandes régions physiques. — Régions des forêts ; régions des céréales ; régions des principales cultures industrielles. — Régions de la vigne, du pommier à cidre, du houblon, de l'olivier, du mûrier. — Régions favorables à l'élevage. — Les grands marchés agricoles.

Géographie industrielle. — Carrières et mines principales. — Régions des grandes usines. — Régions de l'industrie du chanvre, du coton, de la laine, de la soie. — Industries diverses. — Principales villes manufacturières.

Revision des matières vues pendant le premier semestre.

AVRIL.

Géographie commerciale.— Voies de communications : fleuves et rivières, canaux, chemins de fer ; leurs relations entre les grandes

---

1. On se réglera, pour les développements, sur ce qui aura été fait dans le cours moyen. Si, dans ce cours, on ne s'est occupé que de la France, on donnera davantage, dans le cours supérieur, à la géographie générale, et *vice versa*. De plus, rien ne s'opposera à ce qu'on rétablisse l'ordre indiqué par le programme officiel.

voies du continent européen. — Voies de communications maritimes entre la France et les différentes parties du monde. Ports de
commerce : importations et exportations.

MAI.

Colonies. — Algérie : — limites, montagnes, cours d'eau ; provinces, villes principales ; — productions. — Autres colonies.

JUIN.

Géographie administrative.—Divisions administratives : départements, arrondissements, cantons, communes. — Divisions mil.-
taires, maritimes, ecclésiastiques, universitaires, judiciaires,
financières. — Administration centrale et gouvernement. — Population.

JUILLET-AOUT.

Revision générale.

INSTRUCTION CIVIQUE.

(Voy. le progr. officiel, p. 28.)

OCTOBRE-NOVEMBRE-DÉCEMBRE

La Constitution. — Le président de la République, le Sénat, la
Chambre des deputés, la loi.

JANVIER.

L'administration centrale : les ministres et les ministères.

FÉVRIER.

L'administration départementale : préfets, conseils généraux, etc.

MARS.

L'administration communale : les maires, les conseils municipaux,
les diverses autorités.

AVRIL.

La justice civile et pénale. — Organisation judiciaire.

MAI.

L'enseignement à ses divers degrés.

JUIN.

La force publique : l'armée.

JUILLET-AOUT.

Revision générale.

CALCUL, SYSTÈME MÉTRIQUE.

PRINCIPES ET DONNÉES GÉNÉRALES (Voy. le progr. officiel, p. 28).

Calcul.

OCTOBRE.

Théorie très élémentaires de la numération,

Nombres entiers : explication raisonnée des quatre opérations ondamentales sur les nombres entiers.

NOVEMBRE.

Divisibilité des nombres. — Caractères de divisibilité par 2, 3, 5, 9. — Preuve par 9 de la multiplication et de la division,

DÉCEMBRE.

Nombres premiers. — Recherche du plus grand commun diviseur de deux nombres. — Décomposition d'un nombre en facteurs premiers. —Recherche du plus petit multiple et du plus grand commun diviseur de plusieurs nombres.

JANVIER.

Fractions ordinaires. — Fraction proprement dite ; expression fractionnaire. — Principes sur les fractions. — Simplification des fractions. — Réduction des fractions au même dénominateur.

FÉVRIER.

Opérations sur les fractions ordinaires. — Addition et soustraction. — Multiplication. — Division.

MARS.

Nombres décimaux. — Explication raisonnée des règles du calcul des nombres décimaux. — Analogie des nombres décimaux avec les fractions ordinaires et avec les nombres entiers.

Conversion des fractions ordinaires en fractions décimales et réciproquement.

AVRIL.

Ce qu'on appelle rapport de deux nombres; proportion.

Notions générales sur les grandeurs qui varient dans le même rapport ou dans un rapport inverse.

MAI-JUIN-JUILLET-AOUT.

Applications aux opérations pratiques. — Problèmes connus sous le nom de règles de trois, d'intérêt, d'escompte.— Méthode de réduction à l'unité.

Exercices empruntés à des questions usuelles, telles que les rentes sur l'État, les actions, les obligations industrielles, les caisses d'épargne, la répartition des impôts, etc.

Problèmes de société, de mélange et d'alliage.

Géométrie [1].

OCTOBRE.

Notions élémentaires de géométrie. — Revision générale du système métrique. — Définition des angles, de la circonférence; mesure des angles en degrés, minutes, secondes. — Angles droits; — perpendiculaires, obliques. — Définition des parallèles. — Définition des polygones, du triangle, du parallélogramme, du rectangle du carré, du losange, du trapèze, etc.

NOVEMBRE.

Règle pratique pour l'extraction de la racine carrée.

Mesures des aires. — Aire du rectangle, du car. é. — Aire du parallélogramme, du triangle, du trapeze.

Exercices d'application.

DÉCEMBRE.

Mesurer l'aire d'un polygone quelconque en le décomposant, soit en triangles, soit en trapèzes et en triangles rectangles; en le transformant en un triangle équivalent.

Aire d'un polygone régulier.— Mesure du cercle. — Mesure d'une aire plane limitée par une ligne courbe.

Exercices d'application.

JANVIER.

Des polyèdres. — Définition de la perpendiculaire à un plan, des plans parallèles.— Prismes, parallélipipèdes, pyramides.

FÉVRIER.

Règle pratique pour l'extraction de la racide cubique.

Mesure des volumes. — Énoncer sans démonstration les théorèmes relatifs à la mesure du parallélipède, du prisme et de la pyramide.

Exercices d'application.

MARS.

Surface latérale et volume du cylindre, du cône, du tronc de cône.

1. ... « Il est évident que toutes les applications de l'arithmétique prescrites pour les garçons n'ont pas le même caractère d'utilité pour les jeunes filles. Il va sans dire aussi qu'il est des exercices, tels que l'application du systèm: metrique à la mesure des surfaces et des volumes, sur lesquels il ne convient pas de pousser les jeunes filles trop loin. » (*Circulaire du 17 août 1868*)

Exercices d'application.
Mesure de la surface et du volume de la sphère.
Exercices d'application,

AVRIL.

Cubage d'un massif de maçonnerie, d'un tas de sable ou de gravier, d'un fossé ; jaugeage d'un vase cylindrique, d'un seau ayant la forme d'un cône tronqué, d'un tonneau ; cubage d'un tronc d'arbre, etc.

MAI.—

Ce qu'on appelle **densité.**— Usage des densités.
Exercices d'application.
Calcul des nombres complexes tirés de la division de la circonférence et du temps.
Usage des **tables de conversion** des anciennes mesures en mesures légales.

JUIN-JUILLET-AOUT.

Premières notions de comptabilité.
Revision générale.
Nota. — Comme pour le calcul, les exercices et les problèmes d'application, bien gradués, doivent accompagner chaque leçon

DESSIN LINÉAIRE.

PRINCIPES ET DIRECTION GÉNÉRALE, NOTAMMENT POUR LE DESSIN D'ORNEMENT (Voy. le progr. officiel, p. 31 et suiv.).

— Dnns le cours supérieur, les élèves apprennent à dessiner avec les instruments et sont exercés aux constructions géometriques. Ils font des croquis cotés et des dessins à l'échelle.

OCTOBRE.

Notions sur l'espace. —Corps, surface, ligne, point. — Diverses especes de lignes : droite, brisée, courbe ; horizontale, verticale, oblique (le niveau d'eau, le fil à plomb) ; perpendiculaire, obliques égales ; division des droites en 2, 4, 8, etc., parties égales.
Vérification de la règle et de l'équerre. — Construction d'une échelle.

NOVEMBRE.

Les angles et la circonférence.— Le rapporteur.— Mesure des angles au centre et des angles inscrits.
Divisions des angles en parties égales.— La bissectrice.
Les parallèles dans la circonférence ; les angles formés en coupant deux parallèles par une transversale.
Diverses constructions à employer pour le tracé des perpendiculaires et des parallèles.

DÉCEMBRE.

Les cordes, les tangentes et les sécantes. — Faire passer une circonférence par trois points non en ligne droite — Mener une tangente à la circonférence en diverses conditions.

Positions respectives de deux circonférences. — La ligne des centres. — Tracé des cercles de la mappemonde.

JANVIER.

Les triangles. — Construction des triangles dans des conditions données: trois côtés; deux côtés et l'angle compris; un côté et les deux angles adjacents. — Cas particuliers du triangle rectangle. — Triangles inscrits et circonscrits à la circonférence.

FÉVRIER.

Les quadrilatères.—Carré, rectangle, losange, parallélogramme, trapèze. — Propriétés des diagonales. — Figures équivalentes — Figures symétriques.— Construction des quadrilatères dans des conditions données.— Quadrilatères inscrits et circonscrits.

MARS.

Les polygones réguliers et irréguliers. — Décomposition en triangles : 1° par des diagonales partant d'un sommet du polygone, 2° par des diagonales partant du centre.

Construction des polygones reguliers inscrits et circonscrits: octogone, hexagone, pentagone. — Assemblage de polygones réguliers pour recouvrir une surface.

Polygones étoilés. —Rosaces.

AVRIL.

Raccordement des droites par des arcs de cercle. — Tracé de l'ove, de l'anse de panier, de l'ellipse, de la spirale et de la volute. — Moulures formées de courbes à un seul centre, à 2 centres.

Combinaisons de ces courbes dans l'ornement.

MAI.

Lignes proportionnelles. — Division des côtés d'un angle par des lignes parallèles. — Partager une droite en parties proportionnelles à des droites données ou à des nombres donnés.—La partager en un nombre quelconque de parties égales. — Moyenne proportionnelle dans le triangle rectangle, dans la circonférence. — Faire un carré équivalent à un rectangle donné, à un triangle donné, et par suite à un polygone quelconque.

JUIN.

Figures semblables. — Angles égaux, côtés homologues proportionnels. — Construction des triangles et des polygones semblables. — Applications au levé des plans. — Mesure de la distance entre deux points dont un est inaccessible. — Mesure des hauteurs.

Rapport entre les surfaces des figures semblables et entre les volumes des polyèdres semblables.

JUILLET-AOUT.

Revision générale.

ÉLÉMENTS USUELS DES SCIENCES PHYSIQUES ET NATURELLES.

(Leçons de choses.)

(Voy. le progr. officiel, p. 33 et suiv.)

Revision, avec extension, du cours moyen.

OCTOBRE - NOVEMBRE - DÉCEMBRE.

L'homme. — Notions sur la digestion, la circulation, la respiration, le système nerveux, les organes des sens. — Conseils pratiques d'hygiène. — Abus de l'alcool, du tabac, etc.

JANVIER.

Achèvement et revision des matières indiquées pour le trimestre précédent.

FÉVRIER.

Les animaux. — Grands traits de la classification. — Animaux utiles et animaux nuisibles.

MARS - AVRIL.

Les minéraux. — Notions sommaires sur le sol, les roches, les fossiles, les terrains : exemples tirés de la contrée. — Excursions et petites collections.

Les végétaux. — Parties essentielles de la plante; principaux groupes. — Herborisations.

MAI—JUIN.

Premières notions de physique. — Pesanteur, Levier. — Premiers principes de l'équilibre des liquides. — Pression atmosphérique : baromètre. — Notions très élementaires et expériences les plus faciles sur la chaleur, la lumiere, l'electricité, le magnétisme (thermomètre, machine à vapeur, paratonnerre, télégraphe, boussole).

JUILLET - AOUT.

Premières notions de chimie. — Idée des corps simples, des corps composés. — Metaux et sels usuels.

AGRICULTURE ET HORTICULTURE.

PREMIER SEMESTRE.

Notions plus méthodiques sur les travaux agricoles, les outils aratoires, le drainage, les engrais naturels et artificiels, les semailles et les récoltes; — sur les animaux domestiques; — sur la comptabilité agricole.

DEUXIÈME SEMESTRE.

Notions d'horticulture : principaux procédés de multiplication des végétaux les plus utiles de la contrée.

Notions d'arboriculture : greffes les plus importantes.

Exercices pratiques dans le jardin de l'école.

CHANT.

Continuation du cours moyen.

Exercices d'intonation. Clef de *sol* et clef de *fa*.

Gamme diatonique majeure, intervalles naturels, signes altératifs — Principaux tons majeurs et mineurs. — Durée.

Exercices de solfège, dictées orales, exécution de morceaux d'ensemble à une et à deux parties.

EXERCICES DE MÉMOIRE.

Récitation expressive de morceaux choisis, en prose et en vers, de dialogues, de scènes empruntées aux classiques.

TRAVAUX MANUELS (garçons).

Exercices combinés de dessin et de modelage : croquis cotés d'objets à exécuter et construction de ces objets d'après le croquis ou *vice versa*.

Étude des principaux outils employés au travail du bois. — Exercices pratiques gradués. — Rabotage, sciage des bois, assemblages simples. Boîtes clouées ou assemblées sans pointes. Tour à bois, tournage d'objets très simples.

Études des principaux outils employés dans le travail du fer, exercices de lime, ébarbage ou finissage d'objets bruts de forge ou venus de fonte.

TRAVAUX MANUELS (filles).

Tricot de jupons, gilets, gants.

Marque sur la toile.

Piqûres, froncés, boutonnières, raccommodage des vêtements, reprises.

Notions de coupe et confection des vêtements les plus faciles.

Notions très simples d'économie domestique et application à la cuisine, — au blanchissage et à l'entretien du linge, — à la toilette, — aux soins du ménage, du jardin, de la basse-cour. — Exercices pratiques à l'école et à domicile.

GYMNASTIQUE.

(Suivre les manuels, distincts pour les garçons et pour les filles, publiés par le ministère).

Suite des exercices du cours moyen. — Exercices d'équilibre sur un pied. — Mouvements des bras combinés avec la marche. — Exercices à deux avec la barre. — Courses. — Sauts ; exercices de la canne (pour les garçons).

EXERCICES MILITAIRES (pour les garçons).

Revision de l'école du soldat sans armes. — Mécanisme des mouvements en ordre dispersé. — Marches militaires et topographiques.

Exercices préparatoires au tir : notions sur les lignes de tir. — Étude pratique sur le mécanisme du fusil.

EMPLOIS DU TEMPS

Un emploi du temps est aussi nécessaire à l'école primaire que le classement des élèves, que les programmes, que la préparation écrite des classes ; il est le complément obligé de toute organisation pédagogique rationnelle. Aussi le règlement du 27 juillet 1882, que nous avons reproduit plus haut tout entier, porte-t-il à son article 16 : « Au commencement de chaque année scolaire, le tableau et l'emploi du temps par jour et par heure est dressé par le directeur de l'école, et, après approbation de l'inspecteur primaire, il est affiché dans les salles de classe. » Le règlement détermine ensuite les conditions générales auxquelles cet emploi du temps devra satisfaire, à savoir :

Le partage des séances du matin et du soir en deux parties coupées par une courte récréation, ou par des mouvements et des chants;

La succession rationnelle et hygiénique des exercices;

Un juste équilibre entre les diverses matières du programme.

Ainsi « les exercices qui demandent le plus grand effort d'attention, tels que les exercices d'arithmétique, de grammaire, de rédaction », devraient être placés de préférence le matin.

Il y aurait chaque jour, au moins dans les deux premiers cours, une leçon consacrée à l'instruction morale.

L'enseignement du français devrait occuper tous les jours environ deux heures; l'enseignement scientifique une heure à une heure et demie, soit trois quarts d'heure ou une heure pour l'arithmétique et les exercices qui s'y rattachent, et le surplus pour les sciences physiques et naturelles.

L'enseignement de l'histoire et de la géographie, y compris l'instruction civique, comporterait environ une heure.

L'exercice d'écriture proprement dite serait d'une heure dans le cours élémentaire et irait ensuite en diminuant, la rédaction des devoirs pouvant, dans une certaine mesure, en tenir lieu.

Le dessin, commencé par des leçons très courtes dans le cours élémentaire, occuperait, dans les deux autres cours, deux ou trois leçons par semaine; le chant, une ou deux heures pour la même période.

La gymnastique occuperait tous les jours, ou au moins tous les deux jours, une séance dans le courant de l'après-midi.

Il y aurait, pour les garçons aussi bien que pour les filles, deux ou trois heures par semaine, consacrées aux travaux manuels.

Un bon règlement horaire sera de tous points conforme à ces principes et à ces indications, ou du moins s'en rapprochera le plus possible. Ajoutons, pour notre part, qu'il ne devra point présenter des coupures trop multipliées, par suite insuffisantes pour que les leçons aient de la consistance et puissent être exposées avec une sage lenteur. Ces coupures seront au moins d'une demi-heure dans le cours élémentaire : les mouvements, les chants qui accompagnent utilement, pour les petits enfants, chaque changement d'exercice, joints aux préparatifs mêmes de la leçon, ne manqueront pas de les réduire assez pour que le travail qu'elles comprendront ne fatigue ni l'intelligence, ni les organes. Elles seront sans inconvénients d'une demi-heure, de trois quarts d'heure ou d'une heure pour les élèves des cours moyens et surtout du cours supérieur; là, le maître a besoin de se mouvoir avec quelque liberté et, pour cela, d'avoir un peu d'espace devant soi.

Enfin, un règlement horaire doit être simple, clair,

exempt de complications : il faut qu'on en puisse saisir l'économie à première vue, qu'il trace une voie facile à suivre, où maître et élèves se reconnaissent sans peine.

C'est dans cet esprit que nous avons cherché à rédiger les emplois du temps ci-après.

Les uns sont destinés aux écoles où les divers cours sont isolés; les autres, aux écoles où le cours moyen et le cours supérieur sont réunis dans une même classe; un autre enfin, aux écoles dans lesquelles le maître ou la maîtresse sont encore chargés des trois cours à la fois.

On remarquera que nous proposons d'adopter le même emploi du temps pour le cours moyen et pour le cours supérieur. C'est qu'en effet, pour l'un et l'autre de ces deux cours, les enseignements sont à peu près les mêmes et ne diffèrent que par l'étendue et le degré d'intensité. De plus, cela nous permet de faire marcher de front les deux cours, s'il en est besoin.

On remarquera encore que nous ne nous croyons pas obligé de faire revenir chaque jour toutes les matières du programme.

Ce serait une impossibilité, à moins d'émietter le temps et de n'assigner à chacune des si nombreuses matières du programme qu'un quotient tout à fait insuffisant, ce qu'il faut éviter pour les raisons que nous donnions tout à l'heure. Du reste, le règlement, dont nous tâchons de faciliter l'exécution en l'interprétant de notre mieux, autorise explicitement à ne donner certaines leçons que deux ou trois fois par semaine.

On remarquera enfin que nous laissons aux maîtres le plus de latitude possible pour régler eux-mêmes les détails de leurs divers enseignements : il nous paraît suffire qu'ils s'imposent l'obligation de faire de telle à telle heure du français, de telle à telle heure du calcul ou du système métrique ou de la géométrie, de l'histoire ou de la géographie ou de l'instruction civique, etc., en se guidant sur les prescriptions du règlement organique, et sur les programmes généraux qui y sont annexés.

I

—Écoles où les trois cours sont isolés, ou bien dans lesquelles les cours supérieur et moyen sont seuls réunis.

COURS ÉLÉMENTAIRE.

CLASSE DU MATIN.

De 8 h. 1/2 à 9 h.	Instruction morale ou civique A[1] (récits, entretiens, explications de maximes ou de lectures).
De 9 h. à 9 h. 1/2.	Lecture.
De 9 h. 1/2 à 10 h.	Calcul ou système métrique A.
De 10 h. à 10 h. 1/4.	Repos.
De 10 h. 1/4 à 11 h.	Français : exercices variés de langage et de grammaire.
De 11 h. à 11 h. 1/2.	Écriture.

CLASSE DU SOIR.

De 1 h. à 1 h. 1/2.	Histoire ou géographie A.
De 1 h. 1/2 à 2 h	Lecture.
De 2 h. à 2 h. 1/2.	Dessin, travail manuel, exercices de mémoire A.
De 2 h. 1/2 à 2 h. 3/4.	Repos.
De 2 h. 3/4 à 3 h. 1/4.	Écriture.
De 3 h. 1/4 à 4 h.	Leçon de choses et chant.

COURS MOYEN ET SUPÉRIEUR.

CLASSE DU MATIN.

De 8 h. 1/2 à 9 h.	Instruction morale ou civique A.
De 9 h. à 10 h.	Calcul, systeme métrique, géométrie A.
De 10 h. à 10 h. 1/4.	Repos.
De 10 h. 1/4 à 11 h.	Français.
De 11 h. à 11 h. 1/2.	Écriture (cours moyen), écriture ou rédaction d'un devoir (cours supérieur).

CLASSE DU SOIR.

De 1 h. à 2 h.	Histoire ou géographie A.
De 2 h. à 2 h. 1/2.	Lecture; exercices de mémoire A.
De 2 h. 1/2 à 2 h. 3/4.	Repos.
De 2 h. 3/4 à 3 h. 1/2.	Dessin, chant, travail manuel ou rédaction d'un devoir A.
De 3 h. 1/2 à 4 h.	Sciences physiques et naturelles (leçon de choses); agriculture et horticulture A[1]

1. Les exercices marqués d'un A alternent suivant des convenances ou des besoins dont le maître ou la maîtresse sont juges, par exemple, suivant les jours de la semaine, les heures dont les maîtres spéciaux peuvent disposer, etc.

Les leçons seront apprises par cœur, et les devoirs écrits, qu'il ne faudra pas trop multiplier, seront exécutés, soit en classe, soit dans des *études surveillées;* le maître ne devant compter que de juste sur les devoirs faits dans la famille.

La gymnastique, les exercices militaires et, quand il sera possible, le travail manuel, seront rejetés en dehors des classes. — Avec l'approbation de l'autorité sup''ieure, des classes spéciales de dessin seront utilement placées le jeudi pour les élèves que ne retiendra pas l'instruction religieuse. — L'instituteur pourra en outre se ménager du temps en consacrant une partie des récréations et des promenades soit à des entretiens agricoles, soit à des leçons théoriques et pratiques d'horticulture.

II

Écoles à un seul maître ou à une seule maîtresse.

COURS ÉLÉMENTAIRE.

De 8 h. 1/2 à 9 h.	Enseignement moral ou civique A.
De 9 h. à 10 h.	Lecture. / Exercices de calcul ou de système métrique A.
De 10 h. à 10 h. 1/4.	Repos.
De 10 h. 1/4 à 11 h.	Exercices variés de langage et de grammaire.
De 11 h. à 11 h. 1/2.	Écriture.
De 1 h. à 2 h.	Lecture. / Entretiens sur l'histoire ou la géographie A.
De 2 h. à 2 h. 1/2.	Écriture.
De 2 h. 1/2 à 2 h. 3/4.	Repos.
De 2 h. 3/4 à 3 h. 1/2.	Dessin, chant, travail manuel A. / Exercices de mémoire ou de français A.
De 3 h. 1/2 à 4 h.	Leçon de choses ou lecture A.

COURS MOYEN ET SUPÉRIEUR.

De 8 h. 1/2 à 9 h.	Enseignement moral ou civique A.
De 9 h. à 10 h.	Calcul, système métrique, géométrie A.
De 10 h. à 10 h. 1/4.	Repos.
De 10 h. 1/4 à 11 h.	Français.
De 11 h. à 11 h. 1/2.	Écriture.
De 1 h. à 2 h.	Histoire ou géographie A.
De 2 h. à 2 h. 1/2.	Lecture; exercices de mémoire A.
De 2 h. 1/2 à 2 h. 3/4.	Repos.
De 2 h. 3/4 à 3 h. 1/2.	Dessin, chant, travail manuel A.
De 3 h. 1/2 à 4 h.	Sciences physiques naturelles; agriculture et horticulture A.

Mêmes remarques que ci-dessus.

OBSERVATION IMPORTANTE. — Le maître qui se trouve seul à la tête d'une école est dans la nécessité de se faire suppléer auprès des divers groupes du cours élémentaire (pour la lecture, pour le calcul, etc.). Qu'il se souvienne que les *aides* ou *moniteurs* ne sont qu'un expédient. Qu'il n'y recoure, autant que possible, que pour la partie matérielle, mécanique en quelque soite, de l'enseignement. Il ne perdra d'ailleurs jamais de vue ces maîtres toujours inexpérimentés, quoi qu'on fasse. Toutes les fois que les élèves des divisions supérieures ne réclameront pas ses soins immédiats, il se rendra auprès des plus jeunes enfants pour s'entretenir avec eux, les enseigner par lui-même et diriger leurs petits exercices, persuadé que seul il peut préparer ce développement intellectuel et moral qui est la plus sûre garantie des progrès à venir.

DIRECTIONS PEDAGOGIQUES

POUR SERVIR A L'ÉTUDE ET A L'APPLICATION DES PROGRAMMES.

Le ministère fait suivre les programmes officiels que nous avons reproduits plus haut de la note ci-après :

Pour bien faire comprendre au personnel enseignant les principes qui ont présidé à la nouvelle organisation pédagogique des écoles primaires, et pour lui en faciliter l'application méthodique, l'administration a pensé qu'il ne serait point inutile de joindre au présent fascicule quelques extraits des *Instructions et directions pédagogiques*, publiées, il y a quelques années, par M. Gréard, membre de l'Institut, vice-recteur de l'académie de Paris, alors chargé de la Direction de l'enseignement primaire de la Seine.

Bien que ces instructions aient été rédigées en vue de programmes applicables à Paris seulement et au département de la Seine, sous le régime d'une législation scolaire qui vient de disparaître, on a jugé que nul commentaire n'aurait plus d'autorité pour initier sûrement les maîtres aux considérations à la fois théoriques et pratiques dont s'est inspirée la nouvelle loi scolaire. On croit donc rendre un véritable service aux instituteurs et aux institutrices primaires en réunissant à leur intention, dans les pages qui suivent, les explications et les conseils adressés aux instituteurs de Paris et déjà consacrés par une expérience de plusieurs années. Ils y trouveront en quelque sorte un guide professionnel et le résumé des vues de l'administration en matière pédagogique.

Nous croyons à notre tour devoir placer sous les yeux de nos lecteurs ces pages écrites par un véritable maître en pédagogie, auquel nous n'avons pas hésité, nous le répétons, à faire déjà de nombreux emprunts pour nos *divisions mensuelles*. Les instituteurs et institutrices ne sauraient trop méditer les directions qu'elles contiennent, et s'en inspirer dans l'accomplissement de la tâche que, pour notre part, nous avons dû chercher seulement à leur rendre plus facile.

I

De l'organisation des cours.

Organisation de cours gradués, partage des élèves suivant leur force, fixation des programmes de l'enseignement, établissement des examens du certificat d'études : telles sont les mesures fondamentales que le règlement prescrit. Il convient d'en faire nettement saisir le caractère et la portée.

L'organisation des trois cours a pour but de substituer à des divisions vagues ou arbitraires une gradation normale et commune à toutes les écoles. L'uniformité du point de départ et du but, — uniformité qui n'exclut point la souplesse nécessaire dans les cadres des programmes, — est une garantie de régularité dans l'économie des études; c'est en même temps un moyen d'émulation pour les élèves et pour les maîtres une force. Il est d'ailleurs indispensable que, surtout dans les grandes villes, où, au courant d'une année scolaire, les enfants sont exposés à changer de quartier, ils puissent retrouver partout la même distribution d'enseignement.

Le maximum des élèves à réunir dans une même classe a été déterminé par les règlements et les circulaires (50 élèves par maître partout où il sera possible de ne pas dépasser ce nombre). Évidemment, c'est là une limite qui ne saurait être mathématiquement rigoureuse. Mais il importe que le principe en vue duquel elle a été fixée soit bien compris. Ce principe, c'est que, les écoles étant des établissements d'éducation, on doit, dès le premier âge, se proposer le développement des facultés de l'enfant. De là, la nécessité que le nombre des élèves réunis entre les mains d'un même maître soit en rapport avec les conditions d'une direction profitable...

II

Du classement des élèves.

L'examen est la règle du classement. Il aura lieu, chaque année, à la rentrée des classes, et portera sur toutes les matières des programmes du cours dont l'enfant sera appelé à sortir.

Ce classement initial pourra sans doute subir, dans le courant de l'année, quelques modifications, surtout pour le cours élémentaire. Il est bon que les élèves arriérés sachent que, par leur travail, ils peuvent mériter de passer dans le cours moyen, et, pour ainsi dire, reprendre le niveau de leur âge. Les vides qu'ils laisseront d'ailleurs permettront de donner satisfaction aux enfants qui attendraient leur admission dans l'école. Mais ce passage anticipé d'un cours dans un autre ne pourra être opéré qu'à la suite et en vertu d'un examen; mention en sera faite sur le registre d'appel, afin que l'inspecteur, à sa première visite, puisse apprécier l'opportunité de la mesure. J'ajoute que, pour ne pas troubler sans cesse l'ordre des cours, il convient que ces examens extraordinaires soient trimestriels et collectifs.

En appliquant ces principes avec une sévérité éclairée, nous arriverons promptement à établir les trois cours sur des bases solides; mais c'est à la condition de commencer par bien assurer le point de départ. La première constitution des cadres eût-elle pour effet de mettre en lumière quelques faiblesses, les pallier serait le plus mauvais moyen d'y porter remède. Point de rigueur excessive, mais point de complaisance ni pour les enfants, ni pour les familles. Point d'amour-propre mal placé surtout : les classements qui ne répondraient pas à une situation vraie ne tromperaient personne et ne feraient que mettre en lumière la négligence du maître.

Si notre ambition est que le plus grand nombre des élèves parcourent le cercle entier des études, ce que nous désirons avant tout, c'est qu'il ne sorte de nos mains aucun enfant dont l'intelligence n'ait été développée en raison de ses facultés naturelles et du temps qu'il nous aura donné. Les programmes de chaque cours — particulièrement ceux du cours moyen et du cours supérieur — ont été préparés de telle sorte qu'ils présentent, dans chaque matière, un ensemble de connaissances plus ou moins étendu, mais complet à son degré. Bien loin donc de viser à pousser tout le monde en avant, notre devoir est de maintenir dans le cours moyen, tant qu'il sera nécessaire, les élèves qui ne seraient pas capables d'aller au delà. Leur intérêt le commande, et les familles se rendront sans peine, dès qu'elles verront de quel avantage il sera, pour leurs enfants, de refaire une année mal faite. Rien n'empêchera, d'ailleurs, que, dans les écoles où le cours moyen comporte plusieurs classes, il y ait, d'une classe à l'autre, des degrés de force différents. Ce sera un progrès pour l'élève d'être admis à passer d'une division dans une division plus élevée; il y reverra les mêmes matières, sans doute, mais avec des développements nouveaux propres à tenir son attention en haleine.

Même en régularisant ainsi les classes, nous ne pouvons espérer que les élèves appelés à suivre un même cours soient tous exactement au même niveau. Du jour où vous placez deux enfants sous une direction unique, vous avez nécessairement deux degrés d'intelligence et de savoir. La seule condition que l'on puisse exiger d'une bonne organisation pédagogique, c'est que les élèves appelés à participer à un même enseignement soient tous aptes à en profiter dans leur mesure. Cette condition assurée par les examens de passage, loin de craindre que nous ayons dans chaque classe des catégories d'élèves, — bons, assez bons, moins bons, — il faut s'en applaudir pour la direction générale des études. Dans les divers ordres d'enseignement, mais surtout dans l'enseignement primaire, c'est sur le pas des élèves moyens que le maître doit régler sa marche. De cette façon, en même temps qu'il tend la main aux derniers, il oblige les premiers à revenir en arrière et à se mieux rendre compte de ce qu'ils savent. Au surplus, dans les devoirs bien appropriés aux aptitudes d'une classe, il y a des difficultés d'un degré plus ou moins élevé. Le secret du maître est de solliciter successivement les diverses intelligences, de les contenir et de les entraîner tour à tour les unes par les autres; de porter dans tous les rangs l'intérêt et l'éveil. Une classe où l'on sait ainsi utiliser toutes les forces et faire circuler la vie est une classe où les résultats ne manquent jamais.

Que, pour mieux répandre cette ardeur générale, les instituteurs établissent dans leur pensée certains classements qui permettent d'étendre les récompenses et de rendre une justice relative aux efforts de chacun, je n'y vois pas d'inconvénient. Mais, partout où le nombre des classes répond au nombre des cours, à plus forte raison dans les écoles où les cours comportent plusieurs classes, point de ces divisions qui, forçant le maître à se partager et lui imposant à la fois la fatigue de la surveillance et celle de l'enseignement, doublent sa peine, en diminuant d'autant le profit pour la masse des élèves; point de ces groupes distincts qui, isolant les enfants les uns des autres, empêchent de se former ces grands courants d'émulation si utiles au progrès. Ce n'est pas sur quelques préparations heureuses, c'est par l'ensemble des résultats qu'un enseignement se fait juger. Le premier devoir de l'instituteur est de ne négliger aucune des intelligences qui lui sont confiées; il se doit tout à tous...

III

De l'enseignement.

Nous l'avons souvent répété, et nos bons maîtres le savent comme nous : l'objet de l'enseignement primaire n'est pas d'embrasser, sur les diverses matières auxquelles il touche, tout ce qu'il est possible de savoir, mais de bien apprendre dans chacune d'elles ce qu'il n'est pas permis d'ignorer. Ils savent qu'en histoire c'est la trame solide des grands événements et des idées génératrices qu'il y a lieu de graver dans l'intelligence des enfants, sans se perdre dans le détail des faits accessoires et des considérations secondaires; — qu'en géographie, un mot expressif suffit pour fixer dans l'esprit le caractère des productions de tel ou tel pays, et que le trésor des observations accumulées par l'économie politique appartient à un autre ordre d'enseignement; — que, si la grammaire admet, dans l'étude de la proposition, des nuances infinies, il suffit que l'enfant se rende compte des rapports de la proposition principale avec la proposition subordonnée et avec la proposition incidente; que c'est là pour lui toute la science; que, s'il la possède bien, en même temps qu'il aura compris la logique fondamentale de sa langue, il saura suffisamment appliquer les rapports de construction qui lui donneront le moyen d'expliquer ses idées clairement pour les autres comme pour lui-même.

Dans son grand projet de réforme de la langue, Fénelon, se défiant des savants, ne veut pas d'une grammaire « trop curieuse et trop remplie de préceptes ». « Il me semble, écrit-il, qu'il faut se borner à une méthode courte et facile. » Courte et facile, tel est le double caractère dans lequel nous résumerions volontiers les principes de la méthode propre à l'enseignement primaire.

Courte, disons-nous, non pas sèche. La brièveté n'est pas la sécheresse. L'enseignement a besoin d'être abondant pour nourrir l'esprit de l'enfant ; mais c'est l'abondance des traits bien choisis qui seule est nourrissante.

De même, la facilité, entendue comme le prescrit Fénelon, est exclusive de toute idée de diffusion et d'à peu près, rien ne rebutant plus l'esprit de l'enfant que le manque de précision. Au surplus, Fénelon a défini lui même la méthode « facile » qu'il recommande. « Le grand point, dit-il, est de mettre une personne le plus tôt qu'on peut dans l'application des règles par un fréquent usage. »

Les exercices pratiques, les applications usuelles, les démonstrations simples et familières, telles doivent être l'âme et la vie de l'école.

Nous abusons des livres. En Allemagne et en Suisse, les enfants n'ont qu'un livre, un seul, le Livre de lecture (Lesebuch), que le maître explique et qui pour l'enfant est surtout un guide. Nous avons, nous, autant de livres que nous comptons de matières d'enseignement ; et chacun de ces livres est un manuel complet ; rien n'est laissé à l'initiative du maître ou à l'invention de l'élève. La partie didactique de ces manuels particulièrement dépasse la mesure. Ce n'est pas que nous pensions exclure de l'école les explications dogmatiques. Il faut de la théorie en toute chose, c'est-à-dire des règles qui permettent à l'esprit de retrouver son chemin dans les applications diverses. Avec les enfants les plus jeunes, c'est des applications qu'on doit faire sortir la règle ; avec les plus avancés, on pourra descendre de la règle aux applications : les deux procédés sont nécessaires à la gymnastique de l'esprit. Mais, à tous les degrés, que la règle précède ou qu'elle suive, elle doit toujours se traduire en applications. C'est par les applications que l'élève de l'école primaire peut être le plus efficacement exercé à raisonner. Sur le terrain solide des problèmes de la vie quotidienne et des questions de langue usuelle, l'enfant, soutenu par le sens de la réalité, devient vite capable de suivre la marche logique d'une démonstration ; par cela seul que les choses qu'on lui propose en exemple lui sont connues, il s'y intéresse, il se met au pas du maître, il arrive même à le devancer.

Dans les matières qui ne comportent pas d'applications proprement dites, « la méthode facile » consiste à procéder familièrement du simple au composé, du connu à l'inconnu. Quand tous les pédagogues recommandent à l'envi de commencer la géographie par l'étude topographique de l'école, de la commune, du canton, c'est que l'expérience leur a appris que, lorsque l'élève a été mis en possession de l'espace où il vit, il reporte plus aisément au dehors, au fur et à mesure que son horizon s'agrandit, les idées de position, de distance, etc., que lui a fait concevoir l'examen de la classe et des lieux environnants. L'histoire elle-même peut, dans une certaine mesure, être ramenée à une conception qui la rapproche, sans l'abaisser, de la portée des enfants. Pascal disait, dans son noble et philosophique langage, que l'humanité est un grand être qui vit et se développe perpétuellement. Rollin comparait plus simplement un pays à une famille. C'est dans cet esprit qu'en Allemagne l'histoire est enseignée, et c'est ainsi qu'on en a fait une école de patriotisme.

Si l'enseignement présenté sous cette forme « courte et facile » convient à l'enfant, ce n'est pas uniquement parce qu'elle le lui rend plus accessible, c'est aussi parce qu'elle est la seule qui permette de former en lui le jugement, le sens moral.

Ce que l'élève doit emporter de l'école, avec le petit bagage de notions pratiques déterminées par la loi, c'est un ensemble de facultés exercées, un esprit juste, un cœur droit, en un mot, suivant l'expression de Montaigne, « une teste bien faicte plus tost encore que bien pleine. »

Or, le moyen de « forger la teste » de l'enfant, « en la meublant, c'est de le faire incessamment réfléchir, raisonner, trouver, parler, si bien qu'il arrive en partie à s'instruire lui-même. Montaigne, sans doute, traçait ses règles pour le précepteur d'un enfant de grande maison. Mais, en matière d'éducation, dès qu'une règle est bonne, l'esprit en est partout applicable ; et c'est l'avantage de l'enseignement public que, dans les classes bien organisées, les enfants par leurs réponses, s'éclairent, se dirigent, s'enseignent les uns les autres.

Malheureusement, sur ce point, l'inexpérience de nos maîtres les plus dévoués, des plus jeunes surtout, trahit souvent leur bon vouloir. Ils craignent toujours de n'en point assez dire. Cette sorte d'ampleur est une qualité sans doute, mais une qualité qu'il faut régler. Le meilleur enseignement élémentaire est celui qui sait mettre en mouvement, et provoquer, pour ainsi dire, l'intelligence des enfants. Une fois qu'ils sont sur la voie, il ne s'agit plus que de les stimuler doucement, de les ramener s'ils s'égarent, en leur laissant toujours, autant qu'il est possible, la peine et la satisfaction de découvrir ce qu'on veut qu'ils trouvent. Rien de plus funeste que les questionnaires qui fournissent la demande et la réponse toutes faites. On croit tirer une aide de ces invariables nomenclatures, parce qu'elles favorisent la paresse. La monotonie qu'elles jettent dans la leçon est un bien autre obstacle au progrès. L'enseignement est un art en même temps qu'une science, un art dont la souplesse doit se prêter aux besoins les plus imprévus. Avec les jeunes enfants surtout, il faut varier les explications, saisir les incidents qui peuvent porter la lumière dans leur esprit et les diriger en les suivant. Ce sont leurs réponses qui doivent engendrer les questions. Qu'ils s'habituent à justifier tout ce qu'ils avancent, à s'exprimer librement dans leur propre langage; c'est le seul moyen de s'assurer qu'ils ont compris. Laissez-les même s'exposer à une erreur et faites-la leur rectifier en leur montrant en quoi ils ont mal raisonné, mal jugé : ce sera la plus profitable des leçons.

Le père Girard s'élève avec force contre ce qu'il appelle « les machines à paroles, les machines à écriture et les machines à reciter » que l'instituteur monte comme Vaucanson faisait ses automates. C'est à cette routine qu'il opposait sa méthode de l'enseignement régulier de la langue maternelle. À la grammaire de *mots* il voulait que l'on substituât la grammaire *d'idées*, celle qui oblige l'élève à trouver lui-même les règles de la syntaxe et de l'orthographe, à raisonner sur les mots qu'il emploie, sur les formes qu'il applique. L'étude de la langue, base de l'éducation dans son système, n'était ainsi pour lui qu'un instrument à l'aide duquel, en apprenant à l'élève ce qu'il est indispensable de savoir, il travaillait surtout à exercer son jugement. Par un procédé différent, c'est sur la pratique du calcul que Pestalozzi faisait reposer sa doctrine pédagogique. Mais, dans le calcul, Pestalozzi, comme le père Girard dans la grammaire, ne cherchait qu'un moyen. Leur but à l'un et à l'autre etait, en inculquant à l'enfant un certain nombre de connaissances positives, de donner à son esprit l'ouverture, l'aplomb, la rectitude. L'esprit de cette méthode est applicable à toutes les matières de l'enseignement.....

IV

Des programmes.

Quel que soit le cours qu'ils soient appelés à diriger, quel que soit le programme qu'ils aient à développer, nos maîtres ne sauraient trop faire effort pour se contraindre à procéder, en toute matière, du simple au composé, du concret à l'abstrait, de l'exemple à la règle; à éviter toutes les subtilités de langage et de raisonnement ; à s'en tenir aux principes incontestables ; à toujours ramener leurs leçons aux notions les plus pratiques, et, si je puis dire ainsi, les plus voisines du degré d'intelligence et des habitudes d'esprit de l'enfant. J'ai parle d'efforts et de contrainte, c'est que les définitions claires, les explications sobres et nettes ne se trouvent pas sans travail, c'est-à-dire sans préparation. L'enseignement primaire a, comme tous les autres enseignements sans doute, ses rencontres, ses improvisations heureuses; mais ces sortes de bonheur ne sont que le fruit d'une étude antérieure très attentive et de cette pleine possession de la pensée, d'où l'expression frappante et l'exemple saisissant jaillissent comme d'une source qui a ramassé ses eaux avant de les répandre. Dirai-je que, si ce travail préparatoire fait la force de l'enseignement, il en fait aussi l'intérêt et le charme? Dût-on, par impossible, ne point aboutir à un résultat immédiat avec les enfants, en attendant que le temps ait achevé de mûrir la leçon, quelle meilleure et plus virile jouissance que celle qu'un maître sérieux trouve dans le soin qu'il prend d'éclaircir et d'affermir ses propres idées ?

Il est bien rare, d'ailleurs, que les résultats ne répondent pas aux efforts, lorsque, après avoir été bien préparée, la leçon est bien faite. Ce qui compromet, en général, le succès de l'enseignement primaire, c'est qu'on en cherche trop exclusivement le point d'appui dans la mémoire. Le ressort, à la vérité, est si souple, si sûr et si utile à exercer chez les enfants! Sans doute, tout enseignement doit passer par la mémoire; mais pour laisser une trace durable, il faut qu'il pénètre jusqu'à l'intelligence, qui, seule, peut en conserver l'empreinte. Mieux vaudrait presque, pour l'enfant, oublier ce qu'il n'a pas compris; car, sans compter qu'un souvenir inintelligent est pour l'esprit un poids inutile, ne devient-il pas souvent l'origine des plus funestes erreurs? Que de préjugés populaires, que de théories dangereuses qui ne sont que des idées justes mal dirigées !

Aussi bien, toutes les facultés des enfants offrent à l'enseignement une prise heureuse. L'imagination, le sentiment n'a pas chez eux moins de fraîcheur et de force que la mémoire; et, si leur raisonnement est frêle encore et délicat, avec quelle rectitude il se prête à la main qui sait le conduire en le ménageant!

Écartons donc de plus en plus les exercices qui faussent la direction des études primaires, sous prétexte d'en élever le caractère: modèles d'écriture compliqués et bizarres, textes de leçons démesurés, calculs hérissés de chiffres, séries d'analyses et de conjugaisons écrites, etc. Des modèles faciles et présentant un sens complet, utile, moral; des leçons courtes et bien comprises, des opérations d'arithmétique simples et concluantes; des procédés d'analyse et d'étude de la langue dépouillés de toutes les inutilités de la scolastique grammaticale; des exposés bien enchaînés, s'il s'agit d'histoire, des démonstrations claires et saisissantes, s'il s'agit de géographie, voilà les éléments d'un enseignement vraiment profitable. Surtout que le maître s'attache avec persévérance, je dirais volontiers avec passion, à chercher l'accès de l'intelligence des enfants; qu'il ne se lasse point de reproduire ses explications en variant progressivement les exemples, jusqu'à ce qu'il sente qu'il a *touché*. Il faut que l'enfant arrive presque à voir par l'explication et par l'exemple comme il voit par la représentation et la figure. Lorsque, d'un bout à l'autre de leurs études, nos élèves auront été soumis à cette discipline, nous pouvons être assurés que nous aurons formé de bons esprits, capables, quelle que soit la profession qu'ils embrassent, d'une application raisonnée et féconde.

Ces observations s'appliquent aux programmes des trois cours. Elles concernent plus spécialement le *cours élémentaire*.

Dans ce cours, en effet, le livre unique des élèves doit être, selon l'expression de Lhomond, *la voix du maître*. A cet âge, l'attention de l'enfant est essentiellement défaillante et fugitive. Il faut la satisfaire vite et la renouveler sans cesse. Les leçons de choses serviront particulièrement à cet objet. Il est à désirer qu'elles deviennent le commentaire de tout enseignement. Les premiers mots assemblés par l'élève, les plus simples modèles d'écriture peuvent fournir le texte d'un petit développement de morale pratique ou d'une explication très sommaire, mais attachante, sur les usages de la vie, les animaux, les plantes, une industrie locale, etc. Les divers appareils mis à la disposition des maîtres, solides géométriques, images murales, etc., leur offrent bien des ressources pour rendre ces démonstrations palpables. Les meilleures seront celles qu'ils se créeront. Avec un tableau noir et un morceau de craie, on peut donner à des enfants, par un dessin, si grossier qu'il soit, une notion juste de ce qu'on appelle la source, l'embouchure, le lit, la rive droite et la rive gauche d'un fleuve. Et, si l'on sait faire vivre ces représentations par quelques détails pittoresques, la leçon ne s'oubliera plus [1].

La lecture et l'écriture sont nécessairement le fond de l'enseignement du cours élémentaire. Avant tout, il faut assurer cette première base. S'il est possible de commencer presque en même temps le calcul, c'est que l'épellation et la numération, le tracé des lettres et celui des chiffres, sont des exercices de même degré et à peu près de même nature. Mais on ne saurait penser à entretenir les enfants des règles les plus simples de la langue, avant qu'ils en soient arrivés à lire couramment de petites phrases. L'étude de ces premières règles ne peut donc venir utilement que dans le courant du second trimestre. Par la même raison, il y a lieu de différer, jusqu'à ce trimestre les notions d'histoire et de géographie. Les programmes de ces matières ont été réduits, en conséquence, aux proportions les plus restreintes. Nos maîtres et nos maîtresses trouveront, pour préparer leurs leçons, des modèles ou des matériaux dans des ouvrages qui sont aujourd'hui dans toutes les mains ; mais ils ne doivent jamais lire ; il faut qu'ils parlent. L'enfant aime à entendre raconter. Les grands noms et les grandes choses l'intéressent, pour peu qu'on y sache mêler, sans les altérer ni les amoindrir, les détails qui les rapprochent de sa portée.

1. M. Gréard, parlant des élèves de Paris, donne quelques exemples d'application de cette méthode. « Il est aussi, particulièrement chez nos élèves de Paris peut-être, un instinct de curiosité naïve très éveillé, auquel on ne fait jamais vainement appel. Qu'à propos de la définition du confluent, on leur signale le point du département où la Marne se jette dans la Seine ; qu'après leur avoir expliqué à quoi servent les écluses dans les canaux qui réunissent les bassins des grands fleuves, on leur fasse visiter le barrage de la Monnaie ; que, pour les amener à concevoir une idée de la renaissance des arts sous François Ier et Henri II, on fixe leur pensée sur le Louvre : ces exemples pris sur le vif, autour d'eux, graveront dans leur esprit l'intelligence de l'explication donnée ; et, une fois placés dans cette voie, les enfants se poussent d'eux-mêmes : jaloux de se faire part les uns aux autres de ce qu'ils ont vu, ils contribuent à animer en même temps qu'à propager l'enseignement. »

Le cours élémentaire n'est qu'une première initiation préparatoire, pour ainsi dire. L'objet du *cours moyen* est de constituer à l'enfant un fonds solide de connaissances. Aussi comprend-il l'ensemble des études primaires, dans la mesure où elles conviennent à la majorité des élèves. C'est à cette mesure, en effet, que, jusqu'à nouvel ordre au moins, la plupart se tiendront. L'enseignement de toutes les matières doit donc y être accessible au plus grand nombre. Les programmes indiquent dans quel esprit il convient que chacune d'elles soit traitée.

Amener l'élève à l'intelligence des principes essentiels de la langue et du calcul par des exemples multipliés, réduire ces principes au plus petit nombre possible, les résumer sous une forme claire, en faire sortir les règles générales d'application, telle doit être l'unique préoccupation du maître. Les exceptions ne viendront qu'après les règles générales, s'il y a lieu; et ce qu'il n'est pas indispensable d'en connaître pourra être réservé pour le cours supérieur. En arithmétique, les exceptions ne sont, à vrai dire, que des cas particuliers qu'il est toujours possible de rattacher à la règle. Mais la grammaire a des anomalies et des subtilités dans le secret desquelles il est tout à fait inutile de faire entrer les enfants. Aussi voudrais-je que nos maîtres, sans se priver entièrement des ressources que leur offrent les recueils spéciaux, s'habituassent de plus en plus à chercher eux-mêmes leurs textes de dictées dans les œuvres classiques, à créer leurs exemples ou à les faire créer par l'élève avec les matériaux que fournit l'enseignement de la classe. Notre littérature contient en tout genre — développements moraux, descriptions, récits, lettres — tant de pages d'une langue transparente, d'un sens exquis! L'histoire nationale est si riche en traits tout préparés, en quelque sorte, pour servir d'exemples de grammaire! Que ce soit du moins sur ces textes et sur ces exemples bien choisis qu'on exerce l'enfant à l'analyse. Ce qui a contribué à la défaveur où est tombée l'analyse, c'est d'abord l'abus qu'on en a fait, sans doute; mais c'est aussi le caractère bizarre et fastidieux des textes auxquels elle était généralement appliquée et des devoirs auxquels elle donnait lieu. L'exercice en est nécessaire, si l'on veut que l'enfant arrive à se bien rendre compte des rapports des différents termes de la proposition ou de la phrase; il n'en faut combattre que l'excès et la mauvaise direction, et pour cela il suffit de ne faire d'analyse, le plus souvent du moins, qu'au tableau, oralement, en termes sobres, sur des phrases claires et intéressantes.

Quant à l'histoire et à la géographie, les leçons doivent être présentées de manière à faire toujours participer l'intelligence à l'œuvre de la mémoire. En histoire, le maître s'attachera à fixer dans l'esprit des élèves le caractère distinctif des périodes, le sens général des événements, le rôle marquant et national des hommes, sans entrer dans des détails dont la multiplicité ne produirait que la confusion; il dictera des résumés, il en fera faire; il s'assurera par des interrogations fréquentes qu'il a été compris et suivi. Les tracés au tableau et les cartes données en devoir seront, en géographie, les auxiliaires naturels de l'enseignement. Mais en cela, comme en tout le reste, que le superflu ne prenne point la place du nécessaire. Les cartes minutieusement dessinées et coloriées absorbent beaucoup de temps, et nous n'en avons pas à perdre. Les lenteurs aboutiraient finalement à des lacunes. Je n'ignore pas que certains retards ont pour cause le désir de mieux fixer les choses dans l'esprit de l'enfant. Je ne crois pas avoir à insister de nouveau sur l'importance des revisions. C'est pour les études primaires surtout qu'on a dit avec raison que la répétition est l'âme de l'enseignement. En histoire et en géographie particulièrement, il est indispensable que toute leçon nouvelle soit précédée d'un bref résumé de la leçon précédente. Mais il faut distinguer les sages temporisations qui n'empêchent pas d'arriver au but, de ces espèces de stagnations qui produisent une langueur mortelle à tout progrès. S'il convient de se reporter souvent en arrière, c'est afin de prendre l'élan pour faire un nouveau pas.

Du cours moyen *au cours supérieur*, nous nous élevons d'un degré marqué. Au fonds du savoir acquis vient s'ajouter le raisonnement, c'est-à-dire qu'au lieu de partir de l'exemple pour remonter à la règle, l'élève, bien affermi dans cette voie, doit être exerce à descendre de la règle à l'exemple et à en suivre toutes les applications logiques. Mais, dans ce cours comme dans les autres, les principes essentiels demeurent la base de notre enseignement; les applications utiles, le but : la simplicité pratique doit donc en rester le caractère.....

J'appelle tout particulièrement votre attention sur les exercice d'invention et de composition.....

Les idees ne viennent pas d'elles-mêmes à l'esprit de l'enfant, il faut lui apprendre à trouver. Encore moins prennent-elles toutes seules l'ordre et la forme qu'elles doivent revêtir: il faut lui apprendre à composer. Or, c'est de très bonne heure qu'on peut commencer ces exercices avec profit.

Si jeune qu'il soit, l'enfant est capable de créer lui-même les exemples sur lesquels on lui fait reconnaître la nature et l'usage des mots de la langue : il a dans l'esprit des propositions simples toutes faites; il les possède inconsciemment, sans doute, mais il les possède: ses jeux, les objets qui l'entourent lui en fournissent incessamment la matière ; il ne demande qu'à les exprimer. La seule chose nécessaire alors, c'est, en stimulant cette faculté naturelle d'invention, de tenir la main à ce qu'il exprime correctement tout ce qu'il invente.

Si cet exercice élémentaire d'invention est habilement combiné avec celui de la lecture, si son attention est appelée avec soin, au fur et à mesure, sur les choses qui lui sont moins familières et sur les mots qui servent à les rendre, peu à peu les ressources de son vocabulaire s'augmenteront avec celles de son esprit, et de l'invention de la proposition simple il passera aisément, d'abord à l'invention d'une proposition complexe, puis à la liaison de deux propositions. Tout cela constituera au plus une phrase ; de là à la composition proprement dite, il y a encore loin assurément. Dès ce moment, toutefois, la difficulté fondamentale sera vaincue ; car dans ce travail purement oral encore l'enfant aura commencé à se faire une idée des éléments d'une pensée et des formes qui donnent à la pensée son expression ; il aura fait effort, il aura réfléchi pour trouver et rendre une observation, un sentiment.

Viendra, avec les progrès de l'âge, le travail écrit. L'idée première d'un développement de quelques phrases, quatre ou cinq au plus au début, sera fournie par le maître ; le cadre même du développement sera préparé, le travail de l'enfant consistera à le remplir, en indiquant les causes, les effets, les circonstances accessoires de temps, de lieu, etc. Cette sorte de thème pourra même servir parfois de texte à l'exercice d'orthographe. De quelque façon que le devoir soit donné, la correction se faisant en classe, au tableau noir, et chaque élève apportant le complément d'idée plus ou moins juste, plus ou moins heureux qu'il a trouvé, ce sera pour le maître l'occasion d'exercer par la comparaison le jugement de tous. L'enfant apprendra ainsi à reconnaître les sources des idées, à en faire le choix, à les enchaîner dans leur ordre logique ; et il se rendra compte du travail opéré par son esprit ; car c'est le raisonnement qui lui suggérera les développements complémentaires et qui lui en fera apprécier la convenance et le lien.

Il sera prêt alors à aborder les sujets de composition proprement dite, ceux où il aura tout à tirer de son propre fonds ; et, pour peu qu'ils soient empruntés encore à l'ordre des choses au milieu desquelles il vit ou dans lesquelles ses lectures l'ont introduit, il les abordera sans étonnement, il s'y trouvera à l'aise. Habitué à analyser, à mettre en ordre les éléments de sa pensée, à chercher le mot propre, la forme correcte pour la rendre, il saura porter dans sa composition la méthode, l'abondance et la clarté.

Tel est du moins le but que nous devons graduellement nous efforcer d'atteindre. Il ne s'agit pas, certes, d'exercer nos élèves à écrire, dans le sens littéraire qu'on prête d'ordinaire à ce mot, mais simplement de leur apprendre à observer, à réfléchir et à exprimer sous une forme juste des pensées justes. C'est au développement du jugement et du sens moral que nous visons ; rien de plus. Mais apprendre à un enfant à lire dans sa raison et dans son cœur, c'est lui éviter peut-être bien des erreurs de conduite ; c'est tout au moins rendre plus difficile l'invasion des idées fausses et des mauvaises passions. Ainsi entendus, non plus, ainsi qu'il arrive trop souvent, comme des exercices superficiellement plaqués, pour ainsi dire, sur les études de la dernière heure, mais comme des exercices fondamentaux, dirigés, depuis la première classe, en vue de fortifier les plus solides qualités de l'esprit, les exercices d'invention et de composition contribueront à donner à l'enfant une conscience ferme et claire de soi-même, de ce qu'il sent, de ce qu'il pense, de ce qu'il a appris, de ce qu'il ignore, de ses penchants et de ses devoirs; c'est dans ces conditions qu'ils peuvent être et qu'ils seront un des instruments d'éducation les plus sûrs et les plus puissants.

Bien des choses s'effacent du souvenir plus ou moins vite, parmi celles que l'on apprend sur les bancs des classes. Ainsi en est-il à tous les degrés des études de la jeunesse. Mais ce qui reste des études bien faites, ce que nous voulons espérer qu'il restera, pour les élèves de nos écoles, d'une éducation où à la culture intellectuelle qui forme l'esprit sera unie la culture morale qui forme le caractère, c'est un jugement éclairé et sain, un cœur ouvert aux sentiments élevés, l'amour du travail et des vertus domestiques, force et sauvegarde des familles et des nations.

<h2 style="text-align:center">V</h2>

De l'esprit de l'éducation primaire.

Le temps n'est plus où « la lecture, l'écriture et le calcul au jet et à la plume », suivant la formule consacrée, composaient, avec le catéchisme, tout le programme de l'instruction primaire. Déchiffrer quelques mots d'un imprimé ou d'un manuscrit était une distinction, signer son nom, une supériorité, pour l'ouvrier de la ville ou de la campagne, alors que sa vie était enfermée dans nn cercle de besoins si étroitement restreints. Que l'on jette les yeux sur les signatures des actes de mariage et des contrats d'intérêt qui sont invoqués aujourd'hui comme des témoignages de la diffusion de l'enseignement avant 1789 : on reconnaîtra aisément, à ces dessins informes, combien étaient rares les occasions de tenir la plume pour ceux qui, tant bien que mal, savaient s'en servir. Ces connaissances élémentaires ne sont plus aujourd'hui, comme on les appelait déjà à la fin du XVIIIe siècle, que des connaissances instrumentales, c'est-à-dire des connaissances propres à acquérir-les autres. Une nouvelle organisation sociale a créé des nécessités nouvelles d'éducation générale.

La préparation à la vie, telle est aujourd'hui la formule commune à la définition de l'enseignement primaire dans tous les pays. Mais que faut-il entendre par la préparation à la vie ?

Ceux qui, mus par une louable préoccupation des besoins immédiats des classes populaires, demandent que, dans les cadres de l'école, le travail manuel prenne une place prépondérante, songent-ils à retrancher de l'enseignement quelqu'une des matières qu'il comprend aujourd'hui ? Car c'est ainsi que se pose tout d'abord la question. Le temps que l'enfant consacre à l'école est limité ; à peine y trouve-t-on le moyen de lui apprendre tout ce qu'il est nécessaire qu'il sache. Ce n'est qu'au prix d'un sacrifice qu'il serait possible de faire une large mesure aux exercices manuels. Or quel sera

l'objet de ce sacrifice ? Laissons de côté les connaissances qui com•
posaient tout le programme d'avant 1789 : lecture, écriture et calcul.
Supprimera-t-on les exercices de langue maternelle, dont le père
Girard, avec un sens pédagogique si juste, voulait faire le fond de
l'enseignement de l'école, et alors que, par un entraînement contraire, d'autres désireraient qu'à l'étude de la langue maternelle
s'ajoutât celle des langues étrangères? Sera-ce la géographie, qui se
rattache si intimement aux intérêts industriels et commerciaux dont
vivent les classes ouvrières? Sera-ce enfin l'histoire nationale,
cette grande école d'expérience si nécessaire à tous, aujourd'hui
que tous ont le droit de prononcer sur les destinées du pays?

Même en se plaçant exclusivement au point de vue de l'instruction
professionnelle, celui-là court le risque de rester dans une infério-
rité manifeste, dont l'intelligence n'a pas reçu cette préparation
première. Les industriels en fourniraient aisément le témoignage:
l'apprenti, muni des notions élémentaires, prend vite le pas sur
celui qui n'apporte à l'atelier, pour tout bagage, que quelques habitudes de travail manuel. Consacrer à l'apprentissage une partie
importante du temps que la loi a sagement réservé aux études primaires proprement dites, ce ne serait donc pas seulement appauvrir
ce fonds de connaissances essentielles qu'il importe, aujourd'hui
plus que jamais, de fortifier et d'étendre dans les classes ouvrières,
pour assurer la prospérité et la moralité de la nation ; ce serait porter
à l'éducation professionnelle elle-même un coup funeste, l'éducation
professionnelle ne pouvant rien édifier de solide pour l'avenir de
l'enfant qu'autant qu'elle repose sur les assises régulièrement éta-
blies d'une bonne éducation générale. Par cette confusion de deux
éducations également nécessaires, qui peuvent se préparer l'une
par l'autre, mais qui ne doivent pas être confondues l'une avec
l'autre, on n'aboutirait qu'à les mutiler toutes deux.

Mais est-ce à dire que, sans cesser de conserver dans ses méthodes le caractère général qui convient à l'éducation des facultés de
l'enfant, l'enseignement primaire ne puisse, par l'esprit, par le
choix et par la direction des exercices, s'adapter davantage aux intérêts de la vie qui le saisira au sortir de l'école?...

Les premiers législateurs de notre instruction publique se faisaient
une juste idée du caractère éducatif que doit avoir l'instruction élémentaire. « On enseignera aux enfants dans les écoles, disaient-ils,
tant à lire dans les livres imprimés, que dans les livres manuscrits;
à écrire, et les exemples d'écriture leur rappelleront leurs droits et
leurs devoirs; les premiers éléments de la langue française, soit
parlée, soit écrite; les règles de l'arithmétique simple; les éléments
du toisé; les noms des villages du canton, ceux des cantons, des
dictricts et des villes du département avec lequel le pays a des relations plus habituelles; les principes de la religion; les premiers
éléments de la morale, en s'attachant surtout à faire connaître les
rapports de l'homme avec ses semblables; des instructions simples
et claires sur les devoirs communs et sur les lois qu'il est indispen-

sable à tous de connaître; des exemples d'actions vertueuses qui
les toucheront de plus près, et avec le nom du citoyen vertueux,
celui du pays qui l'a vu naître; les principes du dessin géométral;
les premières notions des objets naturels qui les environnent et de
l'action naturelle des éléments; pendant les récréations, les jeux
propres à fortifier et à développer le corps... On les rendra souvent
témoins des travaux champêtres et des ateliers; ils y prendront part
autant que leur âge le leur permettra. Toutes les instructions don-
uees aux filles dans les maisons d'education publique tendront particulièrement à les préparer aux vertus de la vie domestique et aux
talents utiles dans le gouvernement d'une famille [1]. »

Les programmes de l'enseignement primaire ont été déterminés
depuis avec plus de précision; à quelques mots près, qui sont du
temps, l'esprit n'en a jamais été mieux défini; et, parmi les législa-
tions étrangères auxquelles nous nous référons aujourd'hui comme
modèles, plus d'une s'est manifestement inspirée de ces principes.

Or, si de tout temps on a cherché à faire pénétrer ces principes
dans l'école, il est incontestable que cet effort n'a jamais été mieux
marqué qu'aujourd'hui. Toutes les réformes introduites dans l'outil-
lage scolaire ont eu pour but de rapprocher l'enfant des réalités de
la vie, en appelant son attention sur les choses qui l'entourent et en
traduisant à ses yeux, sous des formes sensibles, ce qu'il voit pour
le lui rendre plus saisissable, et ce qu'il ne voit pas pour lui en
donner une idée exacte. D'excellents livres de lecture transportent
tour à tour sa pensée sur tous les objets qui forment le fond ou le
cadre de son existence : la maison d'école et ses alentours, le
village ou la ville, les habitations et les monuments qui les rem-
plissent, le commerce ou l'industrie qui les fait vivre. Les ouvrages
de nos bibliothèques scolaires ont été choisis dans les mêmes vues.
A ces lectures viennent s'ajouter, au moins pour l'élite des classes,
des excursions et des promenades qui en sont le commentaire naturel. Des cours de topographie sont annexés à l'enseignement de la
géographie; les élèves vont, sur place, relever des plans, tracer des
croquis à une échelle donnée : ils se rendent compte, sur le terrain, des conditions de viabilité d'un chemin, de la pente des eaux,
du mécanisme des barrages et des écluses. Enfin la place faite aux
exercices manuels proprement dits — dessin linéaire et dessin
d'ornement, couture pour les jeunes filles — a été, depuis,
quelques années, toujours s'élargissant.

On peut donc le dire sans crainte d'être démenti par les faits :
dès aujourd'hui une part considérable est attribuée, dans l'école,
aux moyens de développer chez l'enfant le sens de toutes les choses
de la vie, ainsi qu'à l'éducation de l'œil et de la main, ces deux
outils par excellence du travail ouvrier dans tous les genres d'industrie.

Toutefois il n'est pas impossible que l'enseignement soit encore

1. Projet de decret de septembre de 1791, decret de vendemiaire an II.

mieux approprié à la destinée des élèves qui le reçoivent, et que leurs facultés soient plus particulièrement exercées en vue de l'application qu'ils doivent en faire.

Ce ne sont pas seulement les leçons de lecture qui fournissent un texte solide à l'explication des premiers éléments de l'éducation professionnelle ; les exercices de langue, de calcul, de rédaction peuvent aussi servir à y intéresser l'enfant. Il suffit, pour cela, à l'occasion, — soit qu'elle se produise d'elle-même, soit qu'on la fasse naître, — d'indiquer avec précision l'origine de tels ou tels matériaux, leurs propriétés essentielles, leurs usages. Point de leçon, à proprement parler ; quelques mots simples, précédés, accompagnés ou suivis de la représentation de l'objet. Et ces objets, je voudrais que, pour la plupart, les élèves fussent chargés de les procurer eux-mêmes à la classe. Un morceau brut ou travaillé de bois, de pierre, de fer, d'étain, de plomb, la moindre étoffe de coton, de laine, de fil ou de soie, une herbe, un epi, une racine, apportés de l'atelier ou de la ferme, voilà le meilleur sujet de ces explications pratiques. A l'intérêt de la chose elle-même s'ajoutera celui de sa provenance. Ce sera honorer le métier dependant de l'objet pris en exemple, que de montrer brièvement de quels éléments cet objet se compose, comment il se traite, quelle transformation lui fait subir le travail de la main humaine, quels services la société en recueille. Ainsi peut se former, dans chaque école, de la main des enfants, une sorte de musée technologique, variable suivant les industries locales, mais tirant de cette variété même un avantage et conséquemment un attrait de plus. On encourage avec raison chez les élèves le goût des collections ; rien n'est plus propre à développer l'esprit d'observation et de méthode, l'habitude de l'activité raisonnée et utile. Ce fonds que les élèves auront créé, qu'ils ne demanderont qu'à entretenir et à renouveler, le maître le complétera, le perfectionnera, l'organisera. Il n'est pas nécessaire qu'il soit bien considérable, encore moins qu'il soit savamment disposé. Ce qui importe, c'est d'en tirer parti. Franklin considérait les connaissances technologiques élémentaires comme un premier degré d'apprentissage.

Il y a plus : dans une certaine mesure, on peut directement commencer, dès l'école, l'éducation professionnelle des enfants, sans porter préjudice aux études générales. Ce que nous avons fait, sous le nom de cours de taille et d'assemblage, pour développer chez les jeunes filles l'habitude et le goût de la couture, est applicable aux garçons sous la forme d'ateliers de travail manuel. Rien n'empêche que les garçons soient exercés au maniement des outils généraux en usage dans toutes les industries. Ils ne sont point occupés, comme les filles, au détail de la vie domestique; ils ont des loisirs dont leurs familles sont souvent embarrassées et que, le plus souvent, ils n'emploient pas à bien : c'est ce temps-là qu'il y aurait lieu d'utiliser. Un contremaître suffirait dans chaque école pour diriger et suivre les exercices. Il n'en résulterait aucun surcroît de fatigue, l'activité physique étant une sorte de repos après le travail intellectuel. Ceux-là mêmes qui n'en auraient pas le goût y trouveraient un complément d'éducation profitable. Savoir se servir de ses doigts, disait J.-J. Rousseau, est une supériorité dans toutes les conditions de la vie. Quant aux autres, c'est-à-dire à la grande majorité, ces exercices ne remplaceraient pas l'apprentissage assurément, mais ils le prépareraient.

Ils auraient un autre avantage considérable. Dans son discours sur l'élévation morale des classes ouvrières, Channing, après avoir montré que tous les travaux de l'industrie dans les grandes villes ont un lien intime avec les applications de la mécanique et de la physique, demande qu'on propage le goût de ces connaissances chez les apprentis, « rien ne pouvant mieux contribuer à ennoblir un métier aux yeux de ceux qui le font, que l'étude de ses rapports avec les lois de la nature ».

Telle est aujourd'hui la multiplicité des matières d'études, nous venons de le voir, qu'on aurait quelque peine à introduire dans les programmes un nouvel enseignement suivi[1]. Mais de quoi s'agit-il? De donner aux enfants l'éveil sur ces questions, et c'est à quoi serviront, de concert avec les leçons de choses, les exercices de de l'atelier et les explications qui viendront naturellement s'y joindre sur les conditions physiologiques du travail manuel.

Dans les pays voisins, au moyen d'appareils très élémentaires et peu coûteux, on parvient à faire saisir aux enfants, par des explications sensibles, les grandes lois de la pesanteur, de la chaleur et de la lumière? Pourquoi n'essayerions-nous pas de le faire, nous aussi, en quelques leçons prises sur les heures de l'atelier? Commencé à l'école, cet enseignement se continuerait, s'affermirait, se développerait dans les classes d'adultes, alors que l'enfant, devenu apprenti, joindrait au fonds des connaissances essentielles dont l'aurait muni l'école une certaine expérience du travail. L'histoire naturelle trouverait aisément aussi son contingent d'elèves parmi les apprentis des métiers de luxe : plumes, fleurs, bijoux. L'économie domestique, enfin, n'est-elle pas un corollaire des cours de comptabilité que nous avons créés, depuis quelques années, en faveur des femmes? Ainsi superposées aux études fondamentales, ces études, dont l'école aurait, pour ainsi dire, ébauche l'idée dans l'esprit de l'enfant, compléteraient l'éducation de l'école, et elles rendraient à l'apprenti le service inappréciable de le maintenir dans un régime d'application intellectuelle qui contribuerait à le préserver des mauvaises suggestions de l'oisiveté du soir en même que des envahissements de la routine professionnelle.

Il n'est donc pas nécessaire, on le voit, de troubler l'économie des programmes de l'instruction primaire pour commencer à préparer utilement l'enfant à la vie qui l'attend aux portes de l'école. Il

1. Les éléments des sciences physiques et naturelles font aujourd'hui partie, ainsi que les travaux manuels, du programme de l'enseignement.

suffit d'employer à des exercices de travail manuel le temps disponible que peut laisser le développement normal de ces programmes et de l'initier aux connaissances pratiques que l'enseignement complémentaire des classes du soir achèvera plus tard de lui assurer.

Mais ce que nous voudrions surtout, c'est que l'enseignement général se pénétrât lui-même de plus en plus des besoins intellectuels et moraux de l'enfant. A notre sens, ce n'est pas sans fondement qu'on reproche à nos études primaires d'être trop classiques, au sens que la tradition attache à ce mot. Qu'il s'agisse d'histoire, de géographie ou de langue, nous nous complaisons dans les méthodes propres à une éducation de loisir. Tout ramène les classes élevees de la société à l'étude des grandes questions d'histoire et de philosophie qui constituent le développement de la civilisation humaine, et elles ont le temps de s'y livrer. Telle n'est pas la condition de ceux qui vivent du travail de leurs mains, et il semble que nous ne considerons pas assez les conditions spéciales du savoir que l'école primaire a pour objet de leur assurer et qui doit être le viatique de toute leur existence. Quelques mots nous suffiront pour indiquer notre pensée.

En Angleterre, à l'école primaire, on commence l'étude de l'histoire par l'époque contemporaine, afin de bien asseoir l'intelligence de l'élève dans les idées du temps où il est appelé à vivre. Notre inflexible esprit de logique se refuserait à remonter ainsi le cours des faits. Nous ne savons pas procéder à rebours; nous aimons, à déduire régulièrement les causes et les conséquences. Mais, sans intervertir l'ordre naturel des choses, ne pourrait-on accorder nos habitudes de méthode avec les nécessités de direction qui s'imposent à l'éducation des classes populaires? N'est-il pas profondément regrettable que les enfants quittent les bancs, aussi bien les meilleurs que les moins laborieux, sans avoir la moindre notion des grands événements de leur siècle, et qu'alors qu'ils sont appelés à les juger, en jugeant ceux que leur suffrage doit appeler à y prendre part, ils soient réduits à ne les connaître que par les polémiques le plus souvent passionnées de la presse journalière? On a introduit l'histoire contemporaine dans l'enseignement secondaire, sans qu'il en soit résulté aucun des inconvénients de critique partiale dont s'étaient émus quelques esprits. Serait-il moins utile que les programmes de l'enseignement primaire comprissent quelques tableaux sommaires établissant la filiation des faits qui ont si profondément transformé, de nos jours, la société française et la société européenne? N'y aurait-il avantage à appeler particulièrement l'attention de l'enfant sur les siècles dont le XIXe siècle procède directement? Préoccupés de cette nécessité, nous avons indiqué comme point de départ des études du cours supérieur le commencement de la période qu'on appelle à bon droit l'histoire moderne Mais, au lieu d'arriver promptement à cette période, on s'attarde aux origines, aux âges quasi héroïques de nos annales nationales, domaine de l'érudit et du philosophe, où il n'est indispensable de transporter l'esprit des élèves de l'école que pour leur faire saisir, par quelques traits caractéristiques, le lien qui rattache le présent au passé. Le temps manque ensuite pour insister, autant qu'il conviendrait, sur les époques plus rapprochées, dont la vie est mêlée à notre vie comme le sang des aïeux au sang des enfants.

Bien plus, tout occupé d'assurer dans la mémoire de l'élève la trame générale des faits, on néglige l'explication des institutions qui ont successivement modifié notre état moral et produit la société contemporaine. Le législation française n'admet pas dans l'éducation publique ce qu'on appelle à l'étranger l'instruction civique[1]. Le nom importe peu. Mais le bon sens demande qu'au respect des traditions nationales, qui est la base du patriotisme éclairé, se joigne dans l'esprit des enfants arrivés, comme on dit, à l'âge de raison, la connaissance des lois générales de la vie publique de leur pays. Ce que nos élèves savent le moins, c'est ce qu'ils auraient, et pour eux et pour tout le monde, le plus d'intérêt à savoir. Que d'enfants pourraient, tant bien que mal, expliquer ce qu'étaient en leur temps les maires du palais, qui seraient fort embarrassés de définir le rôle et les attributions du maire de leur village! Et si ces notions ne leur sont pas enseignées à l'école, comme elles peuvent l'être, comme elles le sont dans tous les pays qui nous entourent, où et comment les apprendront-ils? Hors de l'école, le travail leur laisse peu de temps pour achever de s'instruire; mais ce qui leur manque bien plus encore, c'est l'incitation à le faire. Nous voudrions déposer dans leur esprit les germes de cette utile curiosité. Quelques indications générales qui les mettent sur la voie de l'étude et de la reflexion : voilà tout ce qu'il faut à l'école primaire. Plus tard, de saines lectures venant avec la raison féconder ce souvenir, cela suffira peut-être pour soustraire leur jugement au mirage des théories funestes.

Ce même caractère pratique, usuel, si j'ose dire, peut se retrouver dans l'enseignement de la geographie. Nos maîtres commencent à sortir des nuages d'abstraction. On ne définit plus les accidents géographiques en l'air, on les vérifie sur la carte; on les observe même, nous l'avons dit, sur le terrain. Tel est même le mouvement naturel du progrès en toute chose, qu'on est arrivé à donner une importance trop considérable peut-être à l'étude de la configuration physique du sol; nous touchons presque sur ce point au superflu. Il est d'autant plus facile de faire la place au nécessaire. Ce que l'enfant destiné au travail professionnel a besoin de connaître avant tout, c'est la vie agricole, industrielle et commerciale des différentes régions de la France et du monde civilisé, leurs richesses naturelles, les voies de communication qui permet-

---

1. La loi du 28 mars 1882 a introduit dans les programmes l'enseignement civique et l'histoire contemporaine.

tent les échanges. Si, au moyen de collections, qu'avec un peu de zèle il est facile de réunir, l'instituteur peut placer entre les mains des élèves quelques échantillons des produits nationaux et exotiques, la leçon fournira le plus attrayant en même temps que le plus solide des enseignements. Lorsque, il y a quelques années, des notions d'économie industrielle furent ajoutées au programme de nos établissements primaires supérieurs, on n'était pas sans défiance. L'expérience est faite aujourd'hui et les résultats n'en sont pas douteux..... Les problèmes économiques tiennent le premier rang parmi les difficultés sociales de notre temps; et trop souvent l'ignorance, l'intérêt mal entendu, les passions en décident. N'est-ce pas donner au bon sens quelques chances de plus, que d'ouvrir, dès l'école, les intelligences à ces vérités naturelles qui se dégagent d'un enseignement raisonné de la géographie, et qui ont sur les intérêts vitaux des classes ouvrières une action si profonde. « A qui grêle sur la tête, dit un vieux proverbe, il semble que le ciel choit en la terre entière. » Les indications de la météorologie, recueillies aujourd'hui à la campagne comme à la ville, ont appris à plus d'un paysan que les mouvements de l'atmosphère ont leurs règles. Lorsque quelques notions très élémentaires d'économie industrielle permettront à l'ouvrier de se rendre compte des causes tantôt locales, tantôt générales, des crises du travail, on doit espérer que, si elles ne bannissent pas absolument de son esprit toutes les chimères, elles contribueront du moins à le prévenir contre certaines illusions. Au seul point de vue du développement des facultés de l'enfant, combien l'enseignement ne gagnerait-il pas à chercher un aliment dans ces notions vivifiantes!

L'étude de la langue doit aussi chercher à s'y fortifier. Sur ce point, sans doute, comme sur les autres, nos méthodes sont en progrès. Aujourd'hui les exercices barbares de cacologie et de cacographie sont absolument proscrits des classes. On s'attache aux recherches étymologiques ainsi qu'à l'étude des familles de mots; et rien n'est plus propre à exercer chez les élèves l'esprit d'analyse, à enrichir leur vocabulaire, à ouvrir le champ à leur pensée, à leur faciliter en même temps, sans grand appareil de science, l'application des règles fondamentales de l'orthographe usuelle. On ne définit plus guère les parties du discours qu'après avoir multiplié les exemples qui conduisent naturellement l'élève à trouver lui-même la définition, et c'est une amélioration excellente; mais il faudrait l'appliquer à l'étude de la syntaxe comme aux éléments de la grammaire. Quel sens peut avoir pour l'enfant ce terme de *proposition complétive,* s'il n'a pas été exercé à compléter une pensée, et une pensée dont il ait la pleine intelligence, qui soit sienne ou devenue sienne? Le travail de l'analyse logique qui ne repose pas sur ce travail intérieur de l'esprit porte à vide ou à faux.

Bernardin de Saint-Pierre disait, avec plus d'agrément que de justesse, que « nous n'apprenons pas plus à parler par les règles de la grammaire que nous n'apprenons à marcher par les lois de l'équilibre ». Non, il n'est pas exact que, s'il suffit de se mouvoir pour démontrer le mouvement, suivant le mot du philosophe de l'anti-quité, il suffise d'ouvrir la bouche pour s'exprimer conformement aux lois du langage. Ce qui est vrai, c'est que la grammaire, telle qu'elle s'enseigne à l'école, consiste presque exclusivement dans l'art d'orthographier, et non dans l'art de parler et d'écrire, qui est pourtant, suivant la commune définition qu'on en donne, son objet propre. Dans un trop grand nombre de classes, corriger une dictée, c'est examiner successivement les formes et les construc-tions de cette phrase, en s'aidant d'une épellation psalmodiée qui rend le travail encore plus monotore. L'enfant ne saisirait-il pas mieux les règles de ces formes et de ces constructions si, après les avoir observees sur les exemples de la dictée, il était amené à les expliquer sur des exemples inventés par lui? La dictée nécessaire-ment devrait être plus courte; elle n'en serait que meilleure; et rien n'intéresse l'enfant, comme ces applications improvisées où se complaisent son goût et son besoin d'action. Supposons, par exemple, qu'on lui fasse analyser une proposition qu'il a successivement enrichie de tous les compléments qu'elle comporte : n'est-il pas évident que les relations des divers complements entre eux lui apparaîtront en pleine lumière? Cette logique qu'on s'efforce de lui faire tirer d'une idée, qui trop souvent lui est tout à fait étrangère ou peu familière, jaillira, pour-ainsi dire, tout naturellement de son esprit qui l'aura créée. L'analyse s'appuiera sur le fond même des choses; elle sera un exercice de jugement en même temps qu'un exercice de grammaire; elle apprendra à l'enfant à penser cor-rectement, ce qui est le moyen le plus sûr de lui apprendre à parler et à écrire correctemeut. Nous ne demandons pas que l'on procède toujours invariablement de cette façon. Il est utile aussi d'exercer les élèves sur les conceptions d'autrui. Mais ils le sauront d'autant mieux faire qu'ils auront étudié sur eux-mêmes le mécanisme régulier de la pensée; et do cette grammaire parlée — où l'enfant, sachant ce qu'il dit, se rend compte du même coup de la façon dont il faut le dire — à la grammaire écrite, c'est-à-dire à la rédac-tion, le pas sera aisé à franchir.

Or, parmi les thèmes d'invention et de composition qui peuvent être proposés aux élèves, il y a place, à côté des sujets moraux, pour la description des choses de la vie qui les entoure. Il est de règle aujourd'hui, disions-nous, de commencer l'étude de la geogra-phie par l'examen topographique de la classe, de l'école, de la rue avoisinante, du quartier. La classe peut aussi fournir une riche matière, pour l'étude de la langue, à des observations clairement exprimees, soit de vive voix, soit par écrit; la classe dans son ensemble d'abord, puis le mobilier de la classe : tables, bancs, car-tes, papier, plumes, crayon, tout ce que l'enfant voit, tout ce qu'il touche, tout ce dont il sait l'usage. Viendront ensuite, pour les filles, les objets du ménage et de la couture; pour les garçons, les outils et les instruments de l'atelier ou de la ferme. On a coutume, dans les écoles de Suisse et d'Allemagne, de placer sous les yeux des élèves des tableaux qui représentent les differentes saisons de l'année avec les travaux qui s'y rapportent, et ces tableaux sont l'objet d'entrétiens entre le maître et les enfants. Que d'enseignements utiles peuvent sortir de ces exercices sur les origines, les habitudes, les avantages, les dangers de telles ou telles professions; sur les materiaux qui y sont mis en œuvre, sur les améliorations que l'humanité et la science y ont introduites pour le bien de ceux qui les exercent, sans préjudice des intérêts généraux à la conservation desquels elles participent! C'est ainsi que l'étude de la langue peut, comme les autres études générales, comme la géographie, comme l'histoire, concourir à donner à l'enfant le goût raisonné du travail auquel il est destiné, et lui en faire apprécier, par ses propres réflexions, l'utilité sociale. Ajoutez l'habitude d'un langage technique juste et sain, grâce auquel il échappera peut-être à ce jargon d'atelier qui, en deformant la langue, avilit la pensée.

Tel est pour nous le véritable moyen d'approprier les études générales de l'école primaire à la destination sociale de l'enfant, sans sacrifier le caractère de ces études. Hâtons-nous cependant d'ajouter que si, en rapprochant, pour ainsi dire, l'éducation de l'école primaire des intérêts et des obligations de la vie professionnelle à laquelle sont réservés ceux qui la frequentent, on ne la fait pas tourner à la culture du sens moral, tous ces efforts pour la préparation à la vie qu'on se propose seront frappés d'impuissance. Le P. Girard distinguait quatre éléments nécessaires à l'enseignement régulier de la langue maternelle, et il personnifiait ces éléments sous la forme de quatre maîtres travaillant à une œuvre commune: le grammairien, le logicien, l'éducateur et le littérateur. Mais, dans sa pensée, le travail des deux premiers maîtres ne représentait qu'un travail de prédisposition, celui du dernier un travail de perfectionnement. L'éducateur, tel était, à ses yeux, le maître souverain, celui qu'il considérait comme l'agent essentiel du véritable développement de l'enfant. Il en est de toutes les matières de l'enseignement primaire, comme dé l'enseignement de la grammaire. Il faut que l'éducateur y joue le rôle principal.... C'est de toutes les matières d'études que doit sortir l'action moralisatrice. Il y a cinquante ans, alors que les moyens d'éducation étaient imparfaits et restreints, on avait coutume, dans les classes, de consacrer un certain nombre d'heures par semaine à la lecture commentée de quelques pages de morale en action. Aujourd'hui les bibliothèques scolaires permettent de propager chez tous les enfants le goût de ces lectures fortifiantes. Les analyses qu'ils font, soit de vive voix, soit par écrit, des livres qu'ils ont lus, offrent en classe une matière abondante aux observations utiles. Les maîtres trouvent pour eux-mêmes, dans les traités de morale élémentaire, qui font partie des ouvrages mis à leur disposition, un aliment substantiel, et par des extraits bien appropriés ils peuvent en appliquer le profit à leurs élèves. Et il n'est rien, dans la vie d'une école, qui ne serve à cet enseignement, supérieur à tous les autres enseignements, pour peu que le maître en ait la préoccupation constante : explication des textes de lecture, choix des devoirs, attitude des enfants, fautes commises ou succès obtenus, punitions et récompenses, tout doit être une occasion de placer un conseil. Les préceptes théoriques peuvent beaucoup sans doute, pour exercer le sens moral ; mais c'est de l'action incessante sur la conscience et sur la volonté qu'il faut attendre les plus féconds effets. Le respect de Dieu, le sentiment des devoirs envers la patrie, l'amour des parents, le goût de la vérité et de la justice, l'effort sur soi-même, sont des vertus qu'il est facile d'exercer chez l'enfant, en le tenant toujours en éveil sur ses actions et sur les motifs qui les ont déterminées, en l'animant perpétuellement au bien. Plus on accordera à la préoccupation légitime et nécessaire de le préparer, dès l'école, à la vie professionnelle, plus, du même coup, le devoir s'imposera de développer en lui la vie morale et de tenir haut son cœur.

Ce sont là des prescriptions dont chacun trouve en soi la raison et la règle. Nos maîtres le sentent comme nous, et les enfants de nos écoles ne cherchent point à se dérober à leur action. Ils ont généralement l'esprit curieux, l'intelligence prompte, le cœur ouvert. Toutefois, si bonnes que soient des dispositions de part et d'autre, l'école ne saurait suffire à cette œuvre moralisatrice. Il y faut le concours de toutes les forces vives de la société. L'éducation primaire ne fait que préparer le développement des habitudes intellectuelles et morales auxquelles la pratique de la vie peut seule donner une direction décisive. C'est aux patrons qui reçoivent l'enfant au sortir de l'école et qui mettent à profit son travail en l'en faisant vivre lui-même, c'est à la famille, c'est à tous ceux qui exercent quelque influence par la parole, par la plume, par l'exemple, de n'oublier jamais que telle ils feront cette innombrable jeunesse, tel sera l'avenir du pays.

TABLE DES MATIÈRES.

16711. — Imprimerie A. Lahure, rue de Fleurus, 9, à Paris.

MÉTHODES DE LECTURE ET D'ÉCRITURE

Régimbeau, ancien instituteur, inspecteur du matériel des écoles de la Ville de Paris : Nouvelle méthode, simplifiant l'enseignement de la lecture par la décomposition du langage en sons purs et en sons articulés :

Syllabaire. 1 volume in-16 de 96 pages, avec 33 gravures, cartonné. 60 c.

> Ce syllabaire, pouvant se diviser en trois livrets qui se vendent séparément chacun 20 cent., est ainsi à la portée des plus petites écoles.

Premiers exercices d'écriture et d'orthographe, adaptés à l'enseignement de la lecture. Livret spécial en concordance avec le Syllabaire. 1 vol. in-16, cartonné. 50 c.

Tableaux de lecture (38), extraits du Syllabaire et imprimés en gros caractères. 4 fr.

> Le collage sur 19 cartons se paye en sus, 4 fr. 75.
>
> *Les autres ouvrages qui font partie de cette méthode sont annoncés à la page 9 du catalogue général.*

La décomposition du langage en sons purs et en sons articulés est l'idée qui a fait le succès de la *Méthode Régimbeau*, en usage dans les écoles de la Ville de Paris et dans celles de presque tous les départements. Grâce à ce procédé, l'élève, après deux ou trois leçons, est en état de poursuivre seul l'étude de la lecture courante sans autre secours que celui du syllabaire. Ces nouveaux exercices d'écriture et d'orthographe permettent d'apprendre à l'enfant à écrire en lui faisant repasser la leçon de lecture. D'où résulte un double avantage.

Manoury : *Méthode d'écriture*, d'après les procédés du calque et de l'imitation. 12 cahiers gradués in-4 couronne :

> Cahier n° 1. Premiers principes. — 2. Étude des minuscules. — 3. Syllabes et phrases composées de minuscules. — 4. Étude des lettres bouclées. — 5. Phrases composées de lettres minuscules et de lettres bouclées. — 6. Majuscules et chiffres. — 7. Phrases commençant avec une majuscule. — 8. Moyen. — 9. Demi-fin. — 10. Fine cursive. Les cahiers 1 à 10 (Cursive), chacun, 9 c.
> Le cahier 11 (Ronde), le cahier 12 (Bâtarde, Gothique), chacun, 11 c.

Dans cette méthode le procédé du calque est employé d'abord; puis viennent les modèles à imiter. Tel est l'ordre logique. Les cahiers sont gradués, et les différents genres d'écriture, anglaise, ronde, bâtarde et gothique, sont enseignés d'après les types les plus purs et les plus élégants.

LECTURE COURANTE

Albert-Lévy : *Une première année de sciences* : 1 vol. in-16, avec 104 figures, cartonné   90 c.

En rédigeant ses leçons sous forme de conversations familières, l'auteur a voulu que ses jeunes lecteurs pussent se rendre aisément compte des merveilles accomplies de nos jours par l'utilisation de la vapeur, de l'électricité, du magnétisme, de la chaleur, etc. Ainsi présentés, les éléments des sciences, — loin de rebuter les enfants, les intéressent.

Durand, inspecteur d'Académie : *Lectures choisies sur l'histoire de notre patrie*. 1 vol. in-16, avec 35 grav., cartonné.   1 fr. 50

En publiant ce recueil, l'auteur a eu un double objet: fournir aux élèves un livre de lecture intéressant, et développer chez eux le goût et la connaissance de l'histoire de notre patrie. A la suite des plus belles pages empruntées aux chroniqueurs du moyen âge se trouvent des extraits d'A. Thierry, de Guizot, Mignet, Duruy, etc. De nombreuses gravures accompagnent et éclairent le texte.

Jost, inspecteur général de l'enseignement primaire, **Humbert** et **Braeunig**, sous-directeur de l'école Alsacienne : *Lectures pratiques*. 2 vol. in-16, avec gravures, cartonnés :

    Cours élémentaire. Leçons sur les choses usuelles. 1 vol.   90 c.
    Cours moyen et supérieur. Instruction morale et civique. 1 vol.   1 fr. 50
    Livre du maître. Brochure in-16.   40 c.

Rien n'est plus vrai que le titre de ces deux volumes, car les auteurs se sont attachés à faire entrer dans de charmants récits, illustrés de nombreuses vignettes, ce qu'un bon élève doit savoir. Ajoutons que ces livres servent non seulement à l'instruction, mais encore à l'éducation des élèves, c'est-à-dire au développement de tous les nobles sentiments. Des exercices oraux et écrits terminent les chapitres. Le second volume, comprenant des morceaux un peu plus difficiles, renferme des pièces de vers empruntées à nos meilleurs poètes.

Masson, instituteur à Paris : *Le Livre de lecture des petits garçons*. 2 vol. in-16 cartonnés :

    Livre de l'élève. 1 vol.   60 c.
    Livre du maître. 1 vol.   80 c.

Dans le *Livre de l'élève* l'auteur met en scène un petit garçon qui cause avec ses camarades sur ce qui est utile et intéressant pour les enfants.

Dans le *Livre du maître* sont développées les explications sur le sens des mots, la grammaire, l'étymologie, etc.

Poiré, professeur au lycée Condorcet : *Simples lectures sur les principales industries*. 1 vol. in-16, avec 163 figures, cart. 1 fr. 50

  Premières notions sur l'industrie, extraites du précédent ouvrage. 1 vol. grand in-18, avec 71 figures, cartonné.   80 c.

Un grand nombre d'élèves des écoles communales se destinant à l'industrie, M. Poiré a fait une œuvre utile en résumant dans un langage à la portée des enfants toutes les notions élémentaires qui leur sont nécessaires.

ÉTUDE DE LA LANGUE FRANÇAISE

Brachet, lauréat de l'Académie française, et **Dussouchet**, agrégé de grammaire, professeur au lycée Henri IV : *Cours de grammaire française*, fondé sur l'histoire de la langue. Théorie et exercices. Ouvrage rédigé conformément aux programmes de 1882. 6 vol. in-16, cartonnés :

Cours élémentaire. Livre de l'élève. 1 vol.	60 c.
Livre du maître. 1 vol.	90 c.
Cours moyen..... Livre de l'élève. 1 vol.	1 fr. 25
Livre du maître. 1 vol.	1 fr. 50
Cours supérieur.. Livre de l'élève. 1 vol.	1 fr. 50
Livre du maître. 1 vol.	2 fr.

Ce cours complet, rédigé dans l'esprit des nouveaux programmes officiels, se distingue surtout par sa clarté. Il a pour but l'étude de la grammaire par la langue, et non de la langue par la grammaire. Peu de théorie, beaucoup de pratique. Ainsi que l'indique le titre, les auteurs ont introduit dans ce cours la *méthode historique*, si nécessaire pour les notions d'étymologie usuelle exigées par les programmes. Pour chaque degré MM. Brachet et Dussouchet ont composé un Livre du maître, qui, outre le texte entier du Livre de l'élève renferme les solutions des difficultés orthographiques et le corrigé des exercices proposés aux élèves.

Brouard, inspecteur général de l'enseignement primaire, et **Mme Berger** : *Leçons de grammaire et de langue française.* 4 vol. in-16, cartonnés :

Cours élémentaire. Livre de l'élève. 1 vol.	60 c.
Livre du maître. 1 vol.	1 fr. 50
Cours moyen..... Livre de l'élève. 1 vol.	1 fr. 25
Livre du maître. 1 vol.	1 fr. 50

Le *Livre du maître* initie les maîtres à la véritable méthode pour captiver l'attention des enfants, qui est de leur faire trouver eux-mêmes les définitions.

Le *Livre de l'élève* est un résumé clair et précis des leçons données par le maître. Les élèves l'apprennent par cœur et le retiennent aisément.

Frieh, inspecteur de l'enseignement primaire : *La grammaire enseignée par les exemples.* 6 vol. in-16, cartonnés :

Premier degré. Cours prép. accompagné de 50 sujets de rédaction :

Livre de l'élève. 1 vol.	60 c.
Livre du maître. 1 vol.	1 fr.

Deuxième degré. Cours élém. accompagné de 86 sujets de rédaction :

Livre de l'élève. 1 vol.	90 c.
Livre du maître. 1 vol.	1 fr. 50

Troisième degré. Cours sup., accompagné de 100 sujets de rédaction :

Livre de l'élève. 1 vol.	1 fr. 50
Livre du maître. 1 vol.	2 fr. 80

La Société pour l'instruction élémentaire, qui a couronné le Cours de grammaire de M. Frieh, l'a parfaitement caractérisé en disant : « Beaucoup d'enseignement oral, beaucoup d'applications, voilà la règle pédagogique à laquelle l'auteur s'est scrupuleusement conformé. »

Labbé, professeur au collège Rollin : *Morceaux choisis des classiques français* (prose et vers). 3 vol. in-16, cartonnés :

Cours élémentaire. 1 vol.	1 fr.
Cours moyen. 1 vol.	1 fr. 50
Cours superieur. 1 vol.	2 fr. 50

M. Labbé a su graduer pour les trois cours de l'enseignement primaire les meilleurs morceaux en prose et en vers empruntés aux auteurs français les plus célèbres. On y trouve de nombreux extraits de Saint-Simon, Montesquieu, Voltaire, Mignet, Guizot, Alfred de Musset, Lamartine, Brizeux, Casimir Delavigne, Béranger, Victor Hugo, etc.

Littré et **Beaujean** : *Petit dictionnaire universel de la langue française*. 1 vol. de 908 pages in-16 cartonné.   **3 fr.**

Ce petit dictionnaire se compose de deux parties fondues ensemble alphabétiquement : une partie française et une partie historique, biographique et géographique. La première est un abrégé du Dictionnaire de Littré et renferme plus de 35 000 mots, c'est-à-dire environ 2 000 de plus que le Dictionnaire de l'Académie française. La seconde partie, qui compte plus de 12 000 mots, comprend la mythologie, l'histoire ancienne et moderne, la biographie de tous les hommes célèbres, la géographie comparée, ancienne et moderne, et particulièrement la géographie de la France.

INSTRUCTION MORALE ET CIVIQUE

Mabilleau, professeur à la Faculté des lettres de Toulouse, chargé de l'enseignement moral et civique aux instituteurs de la Haute-Garonne, lauréat de l'Institut : *Cours de morale*, rédigé conformément aux programmes de 1882. 2 vol. in-16, cartonnés :

Cours élémentaire et moyen. 1 vol. avec gravures.	60 c.
Cours supérieur. 1 vol.	90 c.

Travailler à faire des gens de bien, tel est le but que l'auteur s'est proposé dans son *Cours de morale*. Chaque volume comprend trois parties : 1° des *récits* que le maître peut prendre comme sujets de lecture; 2° des *résumés* où se trouvent condensés les préceptes et les vérités que le récit a mis en lumière et qui doivent servir de textes à apprendre par cœur; 3° enfin des *exercices* qui sont l'objet d'entretiens instructifs où se développe l'esprit de l'enfant, appelé à interpréter lui-même les maximes qu'on lui enseigne.

Mabilleau : *Cours d'instruction civique*, rédigé conformément aux programmes de 1882. Instruction civique. Droit usuel. Notions d'économie politique. 2 vol. in-16, cartonnés :

Cours élémentaire et moyen. 1 vol. avec gravures.	60 c.
Cours supérieur. 1 vol.	1 fr. 50

Le *Cours d'instruction civique*, rédigé sur le même plan que le *Cours de morale*, répond au vœu qu'exprimait M. le Ministre de l'Instruction publique à la dernière séance du Congrès pédagogique, quand il disait : « Je veux un livre reposant sur le respect des institutions qui nous régissent. » M. Mabilleau a obtenu pour le Cours supérieur la collaboration de M. Delacourtie, avocat à la Cour d'appel de Paris, qui s'est chargé de la partie relative au droit usuel. M. Levasseur, membre de l'Institut, a rédigé les notions élémentaires d'économie politique. Le volume est ainsi très complet et très exact.

Simon (Jules), de l'Académie française : *Le livre du petit citoyen*
1 vol. in-16, cartonné. 1 fr. 10

Le *Petit citoyen* que nous présente M. Jules Simon est un écolier de treize
ans à qui il donne, dans un langage clair et élégant que nous retrouvons dans
tous ses ouvrages, les notions nécessaires à tout Français qui veut connaître
ce qui constitue l'organisation de sa patrie. —

Lorrain (A.) : *Récits patriotiques*, livre de lecture courante à
l'usage des écoliers qui veulent devenir de bons Français. 1 vol.
in-16, avec 34 gravures et 5 cartes ou plans, cartonné. 1 fr. 50

« Il faut que le patriotisme pénètre et vivifie l'enseignement, » dit M. Lorrain : c'est la pensée qui a inspiré son excellent livre. A chaque mois, à chaque
semaine de l'année scolaire, correspond dans ce livre un fait mémorable de notre
histoire nationale, qui excite dans l'âme des jeunes lecteurs l'amour de la patrie
triomphante, comme elle l'a été pendant de longs siècles, mutilée comme nous
l'avons vue en 1871. Aucune lecture ne peut être plus profitable.

HISTOIRE

Brouard, inspecteur général de l'instruction publique : *Leçons
d'histoire de France*. 6 volumes in-16, cartonnés :

Cours élémentaire...	Livre de l'élève. 1 vol. avec gravures.	60 c.
	Livre du maître. 1 vol.	1 fr. 50
Cours moyen........	Livre de l'élève. 1 vol. avec gravures.	1 fr. 20
	Livre du maître. 1 vol.	1 fr. 50
Cours supérieur.....	Livre de l'élève. 1 vol.	1 fr. 80
	Livre du maître. 1 vol.	2 fr. 50

En histoire, comme dans les autres parties de l'enseignement, le but de
M. Brouard est de substituer les leçons orales à l'emploi exclusif du livre
dans les écoles. Il a publié pour chaque cours deux volumes : l'un pour les
maîtres, où il leur donne des modèles de leçons d'histoire; l'autre pour les élèves,
où se trouvent résumées les leçons faites par le maître. Ce résumé, accompagné de nombreuses gravures et de cartes, est destiné à être appris par cœur et
il sert de sommaire pour les leçons que les enfants ont à développer.

Ducoudray, professeur à l'École normale primaire de la Seine,
agrégé d'histoire : *Cours d'histoire*, rédigé conformément aux
programmes de 1882. 3 volumes in-16, cartonnés :

> *Cours élémentaire*. Récits et entretiens sur notre histoire nationale, jus-
> qu'à la guerre de Cent ans (1328), avec un complément jusqu'à nos
> jours. 1 vol. avec cartes et gravures. 60 c.
> *Cours moyen*. Histoire élémentaire de la France, de 1328 à nos jours,
> avec un résumé depuis l'origine. 1 vol. avec cartes et grav. 1 fr. 10
> *Cours supérieur*. Notions élémentaires d'histoire générale et revision de
> l'histoire de France. 1 vol. avec cartes et gravures. 1 fr. 80

Dans ce cours, rédigé conformément aux nouveaux programmes, l'auteur s'est
inspiré des instructions ministérielles, en s'adressant à l'intelligence et au raisonnement des élèves tout autant qu'à leur mémoire. Les idées morales qui se
dégagent des faits sont indiquées avec soin, et l'histoire étudiée de cette façon
atteint son véritable but, qui est l'éducation morale et patriotique des nouvelles
générations. Les nombreuses gravures que renferme chaque volume sont
dessinées d'après des monuments authentiques : l'image devient ainsi un
complément vraiment utile de l'enseignement historique.

GÉOGRAPHIE

Brouard, inspecteur général de l'enseignement primaire : *Leçons de géographie*. 4 vol. in-16, cartonnes :

Cours élémentaire. Livre de l'élève. 1 vol. avec gravures.	75
Livre du maître. 1 vol.	1 fr. 50
Cours moyen. 1 vol. avec gravures.	1 fr. 20
Cours supérieur, préparatoire au certificat d'études. 1 vol.	1 fr. 20

Le Livre du maître qui s'adapte au cours élémentaire a pour but de guider les instituteurs et de leur donner une bonne direction pour la préparation de leur classe. La méthode de l'auteur y est exposée et appliquée clairement.

Dans les trois volumes à l'usage des élèves, M. Brouard, après avoir fourni pour chaque leçon toutes les explications nécessaires, indique les exercices graphiques auxquels la leçon donne lieu, puis vient le questionnaire, et la leçon se termine par un résumé qui doit être appris par cœur.

Lemonnier, professeur au lycée Louis-le-Grand, et **Schrader** : *Éléments de géographie*, rédigés conformément aux programmes de 1882. 3 vol. in-4, cartonnés :

Cours élémentaire. 1 vol. avec 33 cartes et 61 gravures.	1 fr.
Cours moyen. Géographie de la France et de ses colonies. 1 vol. avec 33 cartes et 10 gravures.	1 fr. 60
Cours supérieur. Géographie des cinq parties du monde. Revision et développement de la Géographie de la France. 1 vol. avec 44 cartes et 48 gravures.	2 fr. 40

Les auteurs, se conformant aux programmes officiels, se sont attachés à faire de la géographie une science vivante par la place qu'ils ont donnée à l'exposé des phénomènes physiques, à la description des objets extérieurs et à l'étude de la nature. De nombreuses gravures accompagnent le texte, et toutes les cartes sont dessinées avec beaucoup de soin d'après les documents les plus récents.

LEÇONS DE CHOSES

Saffray (D^r) : *Éléments usuels des sciences physiques et naturelles*, rédigés conformément aux programmes de 1882. 6 vol. in-16, avec de nombreuses gravures, cartonnés :

Cours élémentaire. Livre de l'élève. 1 vol.	60 c.
Livre du maître. 1 vol.	1 fr. 50
Cours moyen...... Livre de l'élève. 1 vol.	90 c.
Livre du maître. 1 vol.	1 fr. 50
Cours supérieur... Livre de l'élève. 1 vol.	1 fr. 50
Livre du maître. 1 vol.	2 fr. 50

Le plan pour les trois cours ayant été fait d'un seul coup d'après les nouveaux programmes, toutes les parties ont été coordonnées de telle sorte que les connaissances s'enchaînent dans un ordre logique et que chaque année continue, en le complétant, l'enseignement de l'année précédente.

Les *Livres de l'élève* contiennent un résumé des leçons du maître, et les gravures qui accompagnent le texte lui remettent en mémoire les détails donnés en classe. Dans les *Livres du maître*, chaque leçon est suivie d'un questionnaire préparé de façon que l'enfant soit obligé de penser avant de répondre, et d'exprimer sa pensée par des phrases tirées de son propre fonds.

ARITHMÉTIQUE

Maire, instituteur à Paris : *Arithmétique élémentaire*, rédigée conformément aux programmes de 1882, avec de nombreux exercices et problèmes. Calcul mental, calcul écrit, éléments du système métrique. 3 volumes in-16, cartonnés :

Cours élémentaire. 1 vol. 80 c.
Cours moyen. 1 vol. 1 fr. 50
Cours supérieur. 1 vol. (en préparation).

Au point de vue *théorique*, l'auteur s'attache dans ce cours à donner à l'élève la raison des opérations de calcul ; il va du connu à l'inconnu et part d'un exemple familier pour traiter une question nouvelle et arriver à déduire le principe ou la règle qui est l'objet de la leçon. En ce qui concerne la *pratique*, il fait suivre chaque exposition théorique de nombreux exercices d'application, dont il donne souvent un modèle de solution. Le calcul mental et le *système métrique* occupent dans ce cours une place importante.

Vintéjoux, professeur au lycée Saint-Louis : *Cours d'arithmétique et de géométrie*, rédigé conformément aux programmes de 1882. 3 vol. in-16, cartonnés :

Cours élémentaire. 1 vol. 60 c.
Cours moyen. 1 vol. 90 c.
Cours supérieur. 1 vol. (en préparation).

Chacun des volumes de ce cours complet est divisé en leçons, à la suite desquelles l'auteur a composé avec soin un grand nombre de problèmes variés, convenablement gradués et dont les sujets sont empruntés aux usages de la vie. Le *calcul mental* est très développé dans le cours élémentaire. Des notions de *géométrie usuelle* terminent chaque volume.

AGRICULTURE

Barral, secrétaire perpétuel de la Société nationale d'agriculture, et **Sagnier** : *Cours d'agriculture et d'horticulture*, rédigé conformément aux programmes de 1882. 3 vol. in-16, avec de nombreuses gravures, cartonnés :

Cours élémentaire. Premières leçons dans le jardin de l'école. 60 c.
Cours moyen. Premières notions d'agriculture. 90 c.
Cours supérieur. Agriculture, arboriculture, horticulture. 1 fr. 50

Les auteurs, dont le savoir et l'expérience font autorité dans les questions agricoles, ont cherché surtout, en publiant leurs trois manuels gradués, à donner aux élèves de l'école primaire une idée exacte des nouveaux procédés de culture employés dans nos campagnes. Chaque région est étudiée avec soin, et toute théorie hasardée a été soigneusement écartée. Il ne faut en effet offrir à des enfants que des meilleures méthodes et des conditions les plus favorables de production agricole.

DESSIN

Henriet (d') : *Cours de dessin des écoles primaires*. Enseignement gradué conformément aux programmes de 1882.

Cours élémentaire.

Cahier de l'élève, n° 1, *Dessin linéaire.*   25 c.
—   —   n° 2, *Dessin d'ornement.*   25 c.
—   —   n° 3, *Dessin d'imitation.*   25 c.
Livre du maître. 1 vol. in-16, avec 157 figures.   1 fr. 25 c.

Cours moyen.

Cahier de l'élève, n° 1, *Dessin linéaire.*   25 c.
—   —   n° 2, *Ornement géométrique.*   25 c.
—   —   n° 3, *Flore ornementale.*   25 c.
—   —   n° 4, *Dessin d'imitation.*   25 c.
—   —   n° 5, *Dessin d'animaux.*   25 c.
Livre du maître, 1 vol. in-16, avec 36 figures.   1 fr. 50 c.

Cours supérieur.

Cahier de l'élève, n° 1, *Tracés géométriques.*   25 c.
—   —   n° 2, *Applications.*   25 c.
—   —   n° 3, *Ornement géométrique.*   25 c.
—   —   n° 4, *Flore ornementale.*   25 c.
—   —   n° 5, *Perspective.*   25 c.
—   —   n° 6, *Étude de la figure.*   25 c.
Livre du maître. 1 vol. in-16. (En préparation.)

Le but de ce cours est de donner à l'élève de la justesse dans le coup d'œil, de la souplesse dans la main, et de former son esprit au jugement des rapports de lieux et de tons. Les *Livres du maître* qui accompagnent les cahiers renferment d'excellents conseils pour initier les élèves à cette écriture universelle de la forme que nous appelons dessin.

MUSIQUE

Danhauser, inspecteur principal de l'enseignement du chant dans les écoles communales de la Ville de Paris : *Chants pour les écoles*, recueil de petits chants à *une* voix. 10 cahiers réunis en 1 volume in-16, broché.   3 fr. 50

Chaque cahier séparément.   40 c.
Chaque cahier avec accompagnement de piano, in-8 broché. 1 fr. 50 c.

— *Chants pour les écoles*, recueil de petits chants à *deux* voix. 1 vol. in-16, broché.   1 fr. 50

Les recueils de chants publiés par M. Danhauser comprennent plus de 110 morceaux charmants et d'une exécution facile.

Papin, professeur au lycée Saint-Louis : *Méthode pratique de musique vocale*, à l'usage des orphéons et des écoles. Ouvrage divisé en 3 parties qui se vendent séparément.   1 fr.

Il existe deux éditions de la première partie : l'une transcrite en *clef de fa* pour les voix graves ; l'autre en *clef de sol* pour les voies aiguës. Avoir soin de désigner dans les demandes l'édition que l'on désire recevoir.

A LA MÊME LIBRAIRIE

Brouard, inspecteur général honoraire de l'instruction publique : *Leçons d'histoire de France et d'histoire générale.* 6 vol. in-16, cartonnés :

Cours élémentaire — Livre de l'élève 1 vol. avec gravures . . . . . 60 c

Livre du maître, 1 vol. . . . . . . 1 fr. 50

Cours moyen. — Livre de l'élève. 1 vol avec gravures 1 fr. 20

Livre du maître. 1 vol . . 1 fr. 50

Cours supérieur — Livre de l'élève. 1 vol 1 fr. 30

Livre du maître. 1 vol . . 2 fr. 50

— *Leçons de géographie.* 4 vol. in-16, cartonnés :

Cours élémentaire. — Livre de l'élève. 1 vol. avec 49 gravures et une carte en couleur . 75 c.

Livre du maître. . . . . 1 fr. 50

Cours moyen. — 1 vol. avec 48 grav. ou cartes 1 fr. 20

Cours supérieur, préparatoire au certificat d'études. 1 vol. . . . . . 1 fr. 20

Brouard et **Mme Berger** : *Leçons de grammaire et de langue française,* rédigées d'après les programmes officiels. 4 vol. in-16, cartonnés :

Cours élémentaire — Livre de l'élève 1 vol. . 60 c

Livre du maître. 1 vol . . 1 fr. 50

Cours moyen. — Livre de l'élève. 1 vol 1 fr. 25

Livre du maître. 1 vol. . . 1 fr. 50

Brouard et **Gaillard**, inspecteur primaire a Paris : *Leçons de calcul,* d'après les programmes de la Seine, *Cours élémentaire* (classe d'initiation). 2 vol. in-16, cartonnés :

Livre de l'élève. 1 vol » »

Livre du maître. 1 vol . . . 1 fr. 80

Defodon, inspecteur primaire à Paris. rédacteur en chef du *Manuel général de l'Instruction primaire : Cours de dictées;* 10e édition conforme à l'orthographe de la dernière édition du Dictionnaire de l'Académie française. 1 vol. in-16, cartonné. . . . . . . 2 fr.

Defodon et **Vallée** : *Petites dictées* pour les écoles rurales, textes et explications. 2e édition. 1 vol in-16, cartonné . . . . 1 fr. 25

La Fontaine : *Fables,* précédées de la vie d'Esope et publiées avec une introduction et des notes par M. Ch. Defodon, inspecteur primaire à Paris, rédacteur en chef du *Manuel général de l'Instruction primaire.* 1 vol. petit in-16 cartonné . . . . . 1 fr.

1907 — Imprimerie A. Lahure, rue de Fleurus, 9, à Paris.

www.ingramcontent.com/pod-product-compliance
Ingram Content Group UK Ltd.
Pitfield, Milton Keynes, MK11 3LW, UK
UKHW021227140726
13695UKWH00002B/807